행복한 교실을 만드는
50가지
인성수업

초판 1쇄 발행 2021년 3월 8일
초판 3쇄 발행 2022년 12월 20일

지은이 백명현, 윤점순, 하태민
펴낸이 하태민
책임편집 김유진
디자인 최유정
펴낸곳 (주)학토재
  출판등록 2013-000011호
  주소 서울시 송파구 법원로 114 엠스테이트 B동 715호
  전화 02-571-3479
  팩스 02-571-3478
  홈페이지 www.happyedumall.com
  전자우편 haktojae@happyedumall.com

ISBN 979-11-85668-60-4
ⓒ 2021. 백명현, 윤점순, 하태민 All rights reserved.

※ 이 책은 저작권법에 따라 보호받는 저작물이므로 무단 전재와 무단 복제를 금지하며,
  이 책의 내용을 전부 또는 일부를 이용하려면 반드시 저작권자와 도서출판 학토재의 서면 동의를 받아야 합니다.

※ 책값은 뒤표지에 있습니다.
※ 잘못된 책은 바꿔 드립니다.

21세기 미래 교육의 핵심 '인성'

행복한 교실을 만드는 50가지 인성수업

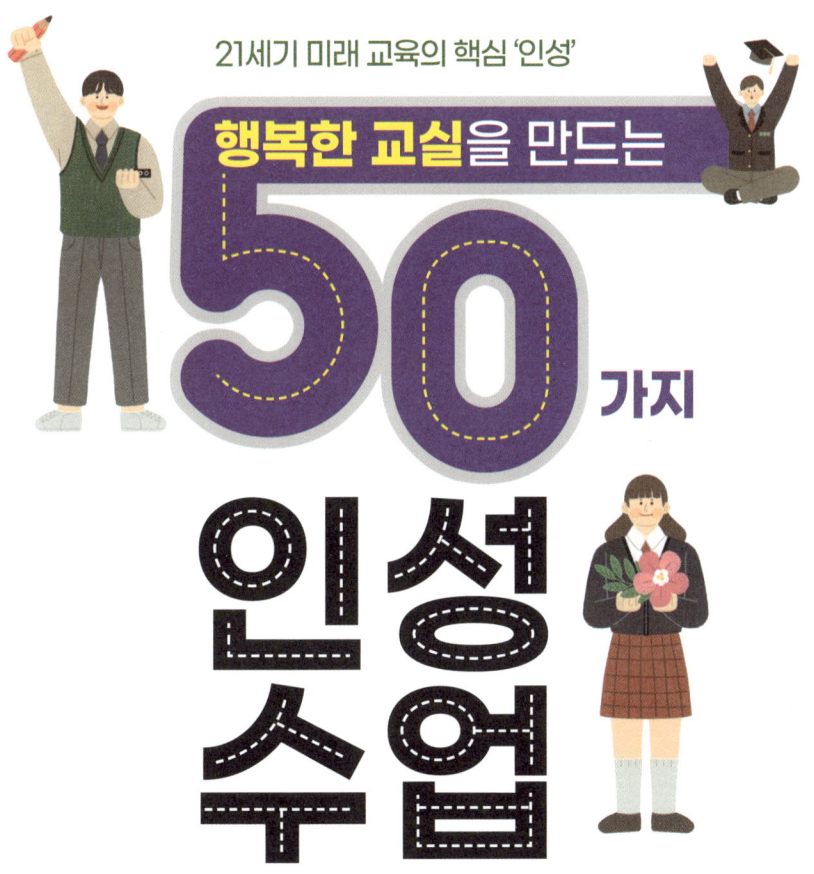

글 | 백명현, 윤점순, 하태민

학토재

추천사

　세계에서 유례없는 인성교육진흥법까지 만들어 인성교육을 강조하는 대한민국. 하지만 정작 무엇이 인성교육인지 감을 잡기 힘들어하던 현장 교사들에게 반가운 책이 나왔다. 명확히 손에 잡히고 곧바로 실천할 수 있는 구체적인 인성교육 사례집이다. 이제 행복한 교실, 행복한 학급 만들기의 길라잡이가 있으니 든든하다. 이 책은 서로 배우고 함께 나누는 훌륭한 교사의 삶을 더한층 빛내고 있다.

여태전(남해 상주중학교 교장, 시인, 『꿈이 하나 있습니다』 저자)

　아는 만큼 보인다? 실천하면 더 많이 보인다. 실천하면 옆 사람까지 꿈틀거리게 한다. 이 책은 행복 교육과 인성 수업을 제대로 실천하면 교실이 어떻게 바뀔 수 있는지, 그 사례들을 생생히 보여준다. 누군가는 사회가 바뀌지 않으면, 입시제도가 바뀌지 않으면 행복한 교실은 불가능하다고 말하지만, 이 책은 증언한다. 우리 교실에서 학생과 선생님이 바꿀 수 있는 것이 얼마나 많은가! 그리고 선생님들을 꿈틀거리게 한다. 나도, 우리 교실에서도 한 번 해볼까?

오연호(꿈틀리인생학교 이사장, 오마이뉴스 대표, 『삶을 위한 수업』 저자)

　인성교육의 중요성과 필요성에 대해서는 누구나 공감하지만 '어떻게?'란 질문에 답하기란 쉽지 않다. 이 책은 그에 대한 구체적인 답을 담고 있다. 오랜 시간 현장에서 인성교육의 실제적인 방법을 고민하고 실천해온 세 분의 풍부한 경험이 그대로 녹아 있기 때문이다. 특히 여기에 소개된 활동들은 간단한 교구를 활용하기 때문에 누구나 부담 없이 따라해볼 수 있다. 그리고 하나하나 따라하다 보면 환하게 피어나는 아이들을 만나는 기쁨을 맛볼 수 있다. '서로를 존중, 배려하며 행복하게 살아가는 학생, 학급, 학교'를 꿈꾸는 교사에게 꼭 선물하고 싶은 책이다.

최소영(전 서울 구일고등학교 교사)

　인성교육은 옳고 그름을 판단할 수 있는 '판단력'과 그것을 실천할 수 있는 '실행력'을 중요시하고 있다. 2015개정 교육과정 도덕과에서도 실천지를 중요하게 다루고 있고, 이를 어떻게 수업으로 구현할지 고민이 많다. 교육 현장에서 오랫동안 인성교육을 실천해온 저자들의 '50가지 인성 수업'은 그에 대한 해결책을 제시해줄 것이다. 초등학교에 몸담고 있는 현직 교사로서 수업에 활용할 수 있는 다양한 아이디어들은 교육과정 운영에 큰 도움이 된다. 현장에서 인성교육을 실천하는 분들에게 필독서라고 생각한다.

김용건(성남 신기초등학교 교사)

　초연결, 인공지능을 지향하는 4차 산업혁명 시대를 살아가는 현대인에게 많은 학자와 연구 결과는 이런 기술과 도구를 활용하는 것을 넘어 오히려 본질로 돌아가 인문학적 성찰을 할 것을 강조하고 있다. 2020년, 학교는 코로나19로 인해 미래의 모습을 앞당겨 경험한 바 있다. 각종 언택트 기자재와 활용법이 쏟아지는 현실 속에서 우리는 다가올 포스트 코로나 시대를 대비해 본질적인 인성에 주목해야 할 것이다. 이 책 '50가지 인성 수업'은 그 길의 교육적 이정표가 되기에 충분하다.

김경신(제천 수산초등학교 교사)

　이 책에 소개된 협력적 팀워크 프로그램인 '커튼 콜, 협력 컵 쌓기, 투게더 순간 이동, 투게더 빙고' 등을 꽤 오랫동안 학생들에게 적용해왔다. 놀이이면서 수업인 협력적 팀워크 활동은 움직임을 통해 뇌를 깨우고 자연스럽게 수업 활동에 몰입할 수 있게 하는 매력이 있다. 아이들에게 꼭 전해주고 싶은 가치를 어떻게 설명할까 고민할 필요가 없다. 실제 몸으로 부딪치고 체험하는 것은 그 어떤 가르침보다 깊게 와 닿기 때문이다. 이 책에 그런 수업 노하우가 가득하다.

박은주(서울 창덕여자중학교 진로교사)

34년 교직 생활에서 교사로서 방향성과 방법을 찾아 헤매며 목이 타 들어갈 때가 있었다. 그때 만난 것이 인성교육이었다. 이 책을 쓴 저자들의 연수를 듣고서야 나의 고민을 해결했을 뿐만 아니라 교사로서 아이들을 가르치는 올바른 방향을 잡을 수 있었다. 지금 나는 퇴직을 했지만 후배 교사들에게 자신 있게 권하고 싶은 책이다. '50가지 인성 수업'에 스며 있는 철학과 진정성을 느끼게 될 것이다.

윤효숙(전 서울 송곡관광고등학교 교사, 학습상담사)

　　사과 속에 씨앗은 셀 수 있지만, 씨앗 속의 사과는 셀 수 없듯이 이 책은 표면적으로 1년을 담고 있지만, 그 끝은 가늠할 수가 없다. 첫 만남 준비, 첫 만남, 일상에서 강점 찾기, 공동체 놀이 등 다양한 활동들에 대한 친절하고 상세한 지도가 있다. '50가지 인성 수업' 중 도전 가능한 한두 가지로 시작해 어느새 50가지 인성 수업을 하고 있는 나 자신을 기대해본다. 특히 윤샘, 백샘, 하샘의 '이야기 톡톡'은 경험에서 우러나오는 감동을 준다.

남현미(하남 한국애니메이션고등학교 교사)

　　"로봇은 국영수를 잘해요. 인간은 다른 걸 해야죠." 로봇공학자 한재권 교수의 말이다. 요즘 아이들은 발달한 기술을 친밀하게 생각하며 편리한 생활은 하고 있지만 사람과 사람 사이에서 일어나야 하는 소통과 공감, 협업의 시간이 줄어 공동체 의식을 만들어갈 기회조차 경험하지 못하는 것 같다. 이기적인 모습이 자주 보이고 물질적 가치에만 집중하는 아이들 때문에 고민한 적이 있다면, 이 책이 도와줄 것이라 확신한다.

박근희(수원 매향여자정보고등학교 교사)

    인성교육, 인성중심수업이라는 용어가 학교 현장의 공문과 교육과정에 넘쳐나고 있지만, 세상을 놀라게 하는 뉴스들을 접할 때면 인성교육이 늘 도마 위에 오르곤 한다. 그럴 때마다 지금 내가 하고 있는 교육 활동이 제대로 된 것인지 고민이 된다. 이 책은 나의 이런 고민과 묵은 숙제를 해결해주는 해결사이며, 할 수 있다는 자신감의 다른 이름이다. 책상 위에 두고 수시로 펼쳐 보고 싶은 책이다.

하송자(부산 개원초등학교 수석교사)

    지금 우리 삶에 필요한 것은 속도보다 방향이다. 성장할수록 자존감과 제 꿈을 잃거나 꿈의 크기가 작아지는 우리 아이들, 이 아이들이 세 분 선생님을 만나 제 꿈의 크기와 색깔을 찾아 가치 있는 삶으로 나아가는 인성교육의 현장이 여기 있다. "인성이란 무엇인가?"란 질문을 바탕으로 아이들이 친구들과 함께 자존감과 꿈을 키우는 수업 현장, 그 생생한 모습이 다양하게 펼쳐진다. 인성교육을 고민하고 있다면 이 책에서 그 답을 찾을 수 있다.

감미애(서울 동작중학교 교사)

    "선생님 언제 또 해요?", "시간 조금만 더 주세요.", "남아서 해도 될까요?" 학생들의 간절한 요청(?)이 들리는 행복한 교실이 떠오른다. 이 책의 사례를 읽는 것만으로도 행복한 교실 속 교사와 학생들이 보인다. 1년 간 학급 활동이 시기별로 정리되어 활동 선택이 쉽고 단계별 활동 순서가 자세히 소개되어 적용이 쉬워 보인다. 특히 아이들이 함께 할 수 있고 나눌 수 있어서 좋다! 어서 아이들을 만나고 싶은 마음이 들게 하는 책이다.

김정민(용인 신일초등학교 교사)

'행복한 학급'을 향한 여정

움츠렸던 겨울의 기운이 걷히고 따뜻한 봄의 기운이 느껴지는 3월, 선생님들은 새로운 기대감과 동시에 큰 책임과 부담을 느낍니다. 올 한해 아이들과 잘 지내야 할 텐데, 아이들끼리 사이좋게 지내야 할 텐데, 폭력이나 따돌림이 발생하지 말아야 할 텐데 등등 걱정이 많습니다. 이렇게 학급에 대한 고민이 끊이지 않습니다.

학급은 학교를 구성하는 가장 최소 단위이자, 학교의 역할이 오롯이 실현되는 최후의 공간입니다. 이를 잘 운영하는 것은 교사에게 수업과 더불어 매우 가치 있고 핵심적인 일입니다. 그래서 학급을 행복하게 만드는 일은 그 안에서 생활하는 아이들과 교사 모두에게 아주 중요합니다. 학급에는 다양한 성격과 기질을 가진 아이들이 모여 있습니다. 다양한 아이들이 부딪쳐 갈등이 일어나고 학급 공동체가 힘들어지는 경우도 종종 있습니다.

지난 해 교사를 대상으로 하는 학급운영 연수에서 자신이 바라는 학급의 모습을 표현해본 적이 있습니다. 선생님들은 과연 어떤 모습의 학급을 꿈꾸고 있을까요?

꿈을 꾸고 꿈을 키울 수 있는 학급

사이좋게 잘 지내고, 바라만 봐도 행복해지는 학급

소외된 친구 없이 즐겁게 생활하는 학급

모두가 즐겁고 평화로운 학급

서로 배려하고 존중하는 학급

    이처럼 표현은 조금씩 다르지만, 대부분의 선생님들이 꿈꾸는 학급의 모습을 모두 모으면 '행복한 학급'이라고 말할 수 있습니다. 그렇다면 행복한 학급을 만들기 위해 지금 필요한 것은 무엇일까요? 매일 매일 아이들과 직접 만나는 선생님들은 구체적이고 손에 잡히는 방법을 찾습니다. 물론 정답은 없습니다. 다만 최선의 길을 찾아가는 '노력'이 있을 뿐입니다. 이러한 노력은 혼자가 아닌 여럿이 함께할 때 시너지가 날 뿐만 아니라 그 결과도 더욱 만족스럽습니다.

    이 책은 행복한 학급을 위한 최선의 길이 '인성교육'에 있음을 믿으며, 오랫동안 학급 운영에 적용하여 나온 결과물입니다. 인성교육은 사람 안에 있는 선한 마음을 키우고 그것을 삶에서 실천할 수 있도록 하는 교육입니다. 그러므로 행복한 학급이 되려면 선생님과 아이들이 선한 마음을 발휘할 수 있는 환경과 기회가 잘 구축되어야 합니다. 즉 인성교육의 토대 위에 따뜻한 소통으로 단단한 관계를 맺어가는 학급이 될 때 우리가 꿈꾸는 행복한 학급이 될 수 있습니다.

  인성교육은 자신과 타인을 존중하는 마음과 태도에서 시작됩니다. 이 책에 소개된 50가지 인성 수업은 아이들의 인성을 아름답게 가꾸는 데 도움이 되고자 만든 것입니다. 아름답게 가꾼 마음과 서로를 존중하는 태도는 실천으로 이어져 행복한 학급을 만드는 밑거름이 되어 줄 것입니다.

  이 책은 총 8장으로 구성되어 있습니다. 1장과 2장은 인성교육에 대한 의미와 필요성에 관한 내용이고, 3장부터 8장까지는 인성 친화적 학급을 위한 구체적인 활동 수업입니다. 특히 학사 일정에 맞게 구성하여 교사들이 교실에서 쉽게 활용하도록 했습니다. 단, 인성교육은 시간과 장소가 따로 정해져 있는 것이 아니므로 각각의 활동들을 살펴보고 적절한 시기에 적용해보시기 바랍니다.

  아이들과 함께 몸으로, 때로는 말로 했던 활동들을 모두 정리해서 글로 옮기는 작업은 결코 쉽지 않았습니다. 그래서 이 과정에 도움을 주신 분들께 더욱 감사의 마음을 전하고 싶습니다.

  우선 저희에게 많은 기회와 긍정적인 자극을 주는 전국인성교사모임인 '세다연' 선생님들께 감사의 마음을 전합니다. '세다연'은 인성교육에 대한 가치를 나누고 행복한 학급 만들기에 뜻을 함께하는 선생님들이 모여 만든 단체입니다. 이 책에 소개한 활동 중에는 세다연 선생님들의 창의적 사례도 포함되어 있습니다. "빨리 가려거든 혼자 가고, 멀리 가려거든 함께 가라."는 아프리카 속담처럼 세다연 선생님들이 있었기에 여기까지 올 수 있었습니다. 함께하는 동료들의 격려와 지지는 큰 힘이 돼 주었습니다. 그리고 저희의 원석 같은 원고를 잘 다듬어 반짝이는 보석이 될 수 있도록 애써주신 편집자 김유진 님과 책의 가치를 알아봐 주고 출판을 후원해준 학토재에도 깊이 감사드립니다.

끝으로 이 책이 행복한 학급에 대한 꿈과 인성교육의 가치를 마음 깊이 깨닫고, 녹녹치 않은 환경에도 불구하고 노력하시는 현장의 많은 선생님들께 작지만 단단한 징검다리가 되기를 소망합니다.

2021년 3월
함께한 소중한 아이들과
도움 주신 모든 분들께 감사의 마음을 담아

공감 백명현, 존중 윤점순, 나눔 하태민 쓰다

차례

추천사 _08 / 프롤로그 _12

I부 씨앗의 발견

1장 인성이란 무엇인가
학생과 교사가 생각하는 '인성' _22
'人性'이란 무엇인가 _25
태어날 때 가지고 온 마음과 덕 _28
인성교육에 꼭 필요한 핵심 재료 3가지 _32

2장 왜 인성인가
교육을 많이 받으면 더 정의롭게 살 수 있는가 _38
어떤 어른이 되기를 바라는가 _40
난 사람, 든 사람, 된 사람 _43
21세기 교육의 핵심은 '인성'이다 _45

II부 씨앗 뿌리기

3장 아이들 마음 세우기
01 아이들 따뜻하게 맞이하기 _50
02 단어 카드로 자기(모둠) 소개하기 _55
03 자아선언문 선포하기 _59
04 가치 담은 칭찬 카드 쓰기 _63
05 단어로 자기소개하기 _67
06 가치 출석 부르기 _70
07 꿈in꿈 선언문 만들기 _74

4장 학급 공동체 세우기

08 학급 가치 선언문 만들기_82
09 가치꽃밭(가치트리) 만들기_86
10 학급 가치 TOP 5 보팅하기_90
11 학급 가치로 학급회 조직하기_94
12 나눔터로 소통하기_97
13 학급 가치 구호 암송하기_101

Ⅲ부 씨앗 가꾸기

5장 학급 갈등을 예방하는 인정하는 말

14 사진으로 '친구' 정의 내리기_106
15 느낌 카드로 내 친구 소개하기_110
16 가치 이름으로 친구 칭찬하기_114
17 가치 풍경사진 찍기_118
18 느낌 카드로 마음의 창 열기_122
19 느낌 카드로 감정 표현하기_126
20 내 마음의 날씨 표현하기_130
21 느낌 카드로 감수성 키우기_134
22 행복 십계명으로 같이 행복하기_138
23 긍정(강점) 나무 키우기_142
24 5가지 사랑의 언어로 말하기_146
25 감사 카드로 감정 온도 올리기_152
26 마인드업 스티커로 칭찬하기_156
27 느낌 카드와 5분 데이트_160

6장 협력적 팀워크 만들기

28 커튼 콜 _166

29 투게더 협력 글자 쓰기_170

30 투게더 홀인_174

31 피사의 사탑 쌓기 _178

32 중심 잡기_182

33 투게더 순간 이동_188

34 투게더 빙고 _192

35 한마음 가치 쌓기_196

36 스토리텔링 인성동화 쓰기_200

37 우리의 꿈! 같이 나르기_204

38 팀 빌딩과 나눔 챌린지_208

7장 명언·명구 활용하기

39 이미지와 글 카드 만들기_214

40 식물과 인성 가꾸기 _218

41 씨앗 글자와 인성 가꾸기_222

42 플래너와 인성 가꾸기_226

학부모 편 부모님과 어떻게 만날까

43 인성 친화적 가정통신문_232

44 이야기가 있는 학부모 총회_236

45 연대를 통한 가정교육 지도계획서_240

IV부 열매 맺기

8장 **성찰로 마무리하기**

46 사진과 단어로 마무리하는 우리 반 이야기_246
47 나만의 미니북 만들기_250
48 가치 풍경사진으로 공동체 성찰하기_254
49 씨앗과 칭찬 갈무리하기_258
50 감사하며 갈무리하기_262

에필로그_266

부록

- 초중등 월별 추천 활동 목록_271
- 이 책에 사용된 교구_273

I부

씨앗의 발견

1장
인성이란 무엇인가

인성(人性)은 사람을 뜻하는 인(人)과 본성을 뜻하는 성(性)이 합쳐진 것으로, '사람이 태어날 때(生) 가지고 온 마음(=心)'입니다.

학생과 교사가 생각하는 '인성'

"인성을 한마디로 표현해보세요!"

인성교육을 할 때 교사나 학생들에게 많이 하는 질문입니다. '인성'에 대한 생각과 이미지를 꺼내기 위해 자주 사용하는 방법입니다. 이때 바로 질문에 대한 답을 재촉하는 것보다 이미지를 사용하는 것이 더 효과적입니다.

먼저 여러 장의 사진을 책상 위에 펼쳐놓고 인성을 가장 잘 설명할 수 있는 것을 한 장씩 고르도록 합니다. 그런 다음 사진을 보면서 인성의 의미를 나타내는 키워드 한 개와 그 이유를 포스트잇에 써서 붙입니다. 그리고 서로 돌아가면서 발표합니다.

먼저 학생들의 말을 들어볼까요?

인성은 '풍경'이다.
풍경을 보면 아름다운 것처럼
인성도 아름다워야 하기 때문이다.

인성은 '피라미드'이다.
피라미드를 지으려면
우선 기초공사가 필요하듯이
인성도 기본적인 자세가 중요하다.
그리고 인성을 실천하면서
피라미드를 쌓아 나가야 한다.
잘 쌓은 인성은 남들이 우러러본다.

인성은 '불'이다.
왜냐하면 다른 사람을
따뜻하게 하고 주변을 밝혀줄 수
있기 때문이다.

학생들이 '인성'에 대해 갖고 있는 이미지는 어떤가요? 나쁘지 않지요? 하지만 "인성은 두통이다. 왜냐하면 인성 때문에 머리가 아플 때가 있기 때문이다."처럼 전혀 다른 이미지를 갖고 있는 학생들을 만나기도 합니다. 이 아이는 왜 그런 이미지를 갖게 되었을까요? 혹 가정이나 학교에서 잔소리나 꾸중 같은 형태로 인성교육을 받았을지도 모릅니다. 이는 교사들이 인성교육을 할 때 특별히 조심해야 할 부분입니다. 따라서 부정적 이미지를 갖고 있는 학생을 만났을 때는 먼저 학생의 표현을 듣고 공감한 후 천천히 여유를 갖고 긍정적 경험을 마련하는 것이 좋습니다.

이번에는 선생님들의 이야기를 들어보겠습니다. 교사연수 때 선생님들에게 '인성' 혹은 '인성교육'하면 떠오르는 단어를 3가지씩 써보도록 했습니다. 그랬더니 초등학

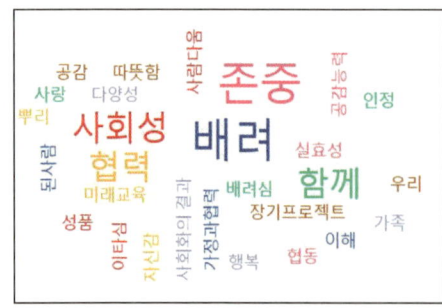 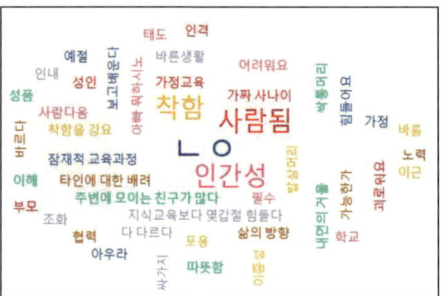

초등 교사들이 생각하는 '인성'　　　　중고등 교사들이 생각하는 '인성'

교와 중고등학교 선생님들의 단어가 조금은 달랐습니다.

위 결과는 온라인 툴인 '멘티미터'라는 어플리케이션을 이용한 것입니다. 사람들이 많이 선택한 중복 단어일수록 글자를 크게 보여줍니다.

왼쪽 결과는 초등학교 교사들이 선택한 단어들로 존중, 배려, 사회성, 함께, 협력 등이 눈에 띕니다. 오른쪽 결과는 중고등학교 교사들이 선택한 단어들로 사람됨, 인간성, 착함 등이 키워드로 보입니다. 여기에는 '괴로움, 힘들다, 이중성' 등의 심리적 격변기인 사춘기 아이들을 가르치는 중고등학교 교사들의 고된 마음도 드러납니다.

이처럼 인성과 인성교육에 대한 인상과 생각은 사람마다 조금씩 다릅니다. 따라서 학생이나 교사를 대상으로 인성을 교육할 때는 그들의 생각을 존중하고 공감하는 데서 시작해야 합니다. 중요한 것은 인성에 대해 긍정적 이미지를 갖도록 하는 것입니다. 그러려면 인성교육에 대한 방법과 타이밍에 좀 더 신중한 접근이 필요합니다.

'人性'이란 무엇인가

 '인성'이라는 단어를 처음 본 교사는 없을 것입니다. 그런데 인성이나 인성교육의 정의를 내려 보라고 하면 정확하게 설명하기가 어렵습니다. 단어에 대한 개념을 충분히 이해해야만 인성교육이 가능한 것은 아닙니다. 그러나 인성교육을 하는 교사로서 인성에 대한 자기만의 정의를 갖고 있는 것이 교육을 할 때 더 유리합니다. 어떤 학문이나 지식이든 그것을 이해할 때 처음 시작은 용어나 개념에 대한 정의를 명확히 하는 것입니다. 인성교육도 마찬가지입니다. 인성교육을 시작할 때는 먼저 '인성'의 의미를 깊이 생각해보아야 합니다.

 처음에는 다른 사람들이 생각하는 정의를 깊게 숙고한 뒤 자기 언어로 표현해보는 것이 좋습니다. 이를 위해 먼저 인성교육에 관한 법률적 의미를 살펴보겠습니다. 이어서 '인성(人性)'이라는 글자의 직접적인 뜻과 동양 고전인 「중용」을 바탕으로 인성교육의 의미에 한 걸음 더 들어가보겠습니다.

인성의 '법률적' 의미

 인성과 인성교육의 의미를 생각해볼 때 법률적 뜻을 살펴보는 것은 좋은 출발이 됩니다. 우리나라에는 다른 나라에 없는 '인성교육진흥법'이 있습니다. 2014년 12월 29일에 법이 제정되었고, 2015년 7월 21일에 시행령이 공포되면서 인성교육을 활성화할 수 있는 제도적 근거가 마련되었습니다.

인성교육진흥법에서는 인성과 인성교육을 "자신의 내면을 바르고 건전하게 가꾸고 타인·공동체·자연과 더불어 살아가는 데 필요한 인간다운 성품과 역량을 기르는 것을 목적으로 하는 교육"으로 정의하고 있습니다. 즉 인성이란 '타인, 공동체, 자연과 더불어 사는 데 필요한 인간다운 성품과 역량'을 말하는 것이며, 인성교육은 '자신의 내면을 바르고 건전하게 가꾸며 인간다운 성품과 역량을 기르는 교육'을 말합니다. 그렇다면 인간다운 성품과 역량은 무엇일까요?

교육부가 발표한 제2차 인성교육계획안(2021~2025)에 따르면, 인간다운 성품을 구성하는 핵심덕목은 예, 효, 정직, 책임, 존중, 배려, 소통, 협동입니다. 핵심역량으로는 자기관리 역량, 심미적 감성 역량, 의사소통 역량, 갈등관리 역량, 공동체 역량을 제시하고 있습니다.

위에서 제시한 8개 덕목과 5개 역량은 인간다운 성품과 역량의 구성요소를 보다 구체적으로 설정한 것입니다. 이는 일선 학교에서 인성교육 프로그램을 계획할 때 혼란을 줄이고 일관성을 갖는 데 도움이 될 것입니다. 인성의 의미를 탐구하는 여정에서 좋은 참고가 된다고 봅니다. 그러나 이는 교육부가 연구를 통해 설정한 기준일 뿐 꼭 이 범주를 따라야 하는 것은 아닙니다. 중요한 것은 "내가 생각하는 인간다운 성품과 역량은 무엇인가?"라는 질문을 던지고 생각해보는 것입니다. 그래야만 인성, 인성교육에 대한 자신의 정의가 생기기 때문입니다.

'人性'에 담긴 의미

한자어로 된 '人性'이라는 글자의 뜻을 분석하면 인성의 의미를 보다 명확하게 유추해볼 수 있습니다. 인성(人性)은 사람을 뜻하는 '인(人)'과 본성을 뜻하는 '성(性)'이 합쳐진 단어입니다. 여기서 본성 성(性) 자는 왼쪽 변의 마음 심(心)과 오른쪽 변의 날 생(生)이 합쳐진 글자입니다. 이 둘을 합하여 풀이하면 인성(人性)이란 '사람이 태어날 때(生) 가지고 온 마음(忄=心)'이라는 뜻입니다. 여기에서 우리는 이런 질문을 해볼 수 있습니다.

"태어날 때 가지고 온 마음은 무엇이고, 그것은 어디에서 온 것일까?"

이 물음에는 정답이 없습니다. 왜냐하면 증명할 수 없기 때문입니다. 하지만 그동안 많은 학자들이 오랜 세월에 걸쳐 이 질문에 대한 답을 탐구해왔습니다. 이제 그 탐구를 따라가 보겠습니다.

태어날 때 가지고 온 마음과 덕

인성을 '태어날 때 가지고 온 마음'이라고 정의할 때, 두 가지 질문이 떠오릅니다. 하나는 "그 마음은 누가 부여했는가?"이고, 다른 하나는 "그 마음은 무엇인가?"입니다.

먼저 "그 마음은 누가 부여했는가?"라는 질문은 사람을 만든 존재에게 물어보면 가장 정확한 답을 얻을 수 있을 것입니다. 하지만 사람을 만든 존재는 특정할 수 없기에 답을 듣기가 불가능합니다. 이런 질문에 '하느님'이라고 답하는 분들도 있겠지만 이는 종교적인 대답이므로 일반화하기 어렵습니다.

유학에서는 이처럼 특정할 수 없는 창조의 주체를 표현할 때 '天(하늘 천)'이라는 글자를 썼습니다. 유학 고전인 「중용」 제1장에 보면 인간에게 마음을 부여한 존재를 유추할 수 있는 표현이 나옵니다.

> 천명지위성(天命之謂性)
>
> 솔성지위도(率性之謂道)
>
> 수도지위교(修道之謂敎)

첫 번째 문장은 천명지위성(天命之謂性)입니다.

'하늘이 명한 것을 이름하여 성이라 한다.'라는 뜻입니다. 맨 마지막 글자는 인성(人性)에 있는 성(性), 즉 태어날 때 가지고 온 마음을 나타냅니다. 다른 말로 하면 사람이 태어날 때 가지고 온 마음이 있는데, 이것은 하늘이 명한 것이라는 의미입니다. 결국 태어날 때 가지고 온 마음을 부여한 주체는 하늘이라는 뜻입니다. 여기에서 '하늘'은 특정할 수 없는 창조의 주체를 상징하므로 '자연'이라고 볼 수 있습니다.

이번에는 "사람이 태어날 때 가지고 온 마음은 무엇인가?"라는 두 번째 질문에 대해 알아볼까요? 이 질문을 알아보기 전에, 먼저 「중용」 1장의 그다음 문장을 살펴보겠습니다. 여기에는 인간이 태어나서 살아가야 하는 길과 인성교육이 무엇인지에 대해 유추할 수 있는 내용이 들어 있습니다.

두 번째 문장은 솔성지위도(率性之謂道)입니다.

'하늘이 명한 본성(性)을 따르는 것이(率) 인간의 길(道)이다.'라는 뜻입니다. 인간의 길에 대해 명확하게 표현하고 있습니다. 즉 인간이 가야 할 올바른 길은 태어날 때 하늘이 부여한 본성을 따라 사는 것입니다. 다산 정약용은 "인간의 길이 아닌 공부는 공부가 아니다."라고 했는데, 그가 말한 '인간의 길'은 「중용」에서 말하는 길(道)과 일맥상통합니다. 결국 공부란 지식을 쌓는 것만이 아닌 '인간의 도리'를 배우는 것이며, 이것은 곧 인성교육의 목표라고 할 수 있습니다.

세 번째 문장은 수도지위교(修道之謂敎)입니다.

'인간이 가야 할 길을 갈고 닦는 것(修)이 곧 교육(敎)이다.'라는 뜻입니다. 교육의 역할을 명확하게 설명하고 있습니다. 즉 사람이 태어날 때 가지고 온 마음(性)에 따라 인생을 살아가도록 자신의 몸과 마음을 갈고 닦는 일이 바로 교육이라는 것입니다. 그렇다면 왜 갈고 닦아야 할까요? 인간이 태어날 때 선한 본성을 부여받았더라도 삶에는 유혹, 위험, 실수 같은 것들이 늘 존재하여 선한 본성대로 살아가기가 쉽지 않기 때문입니다. 결국 이 세 번째 문장은 인성교육의 의미와 필요성을 피력한 것입니다.

이제 다시 두 번째 질문에 대한 탐구를 이어가겠습니다.

인성을 보여주는 덕목들

"인간이 태어날 때 가지고 온 마음은 무엇인가?"

이 질문에 답하기 위해서는 먼저 인간의 본성에 대한 관점을 선택해야 합니다.

맹자는 인간의 본성은 선하므로 수양을 통해 그 선함을 드러내면 된다고 했습니다. 이에 반해 순자는 인간의 본성은 악하므로, 끊임없는 수양을 통해 악을 다스려야 선함을 유지할 수 있다고 했습니다. 흔히 알고 있는 '성선설'과 '성악설'의 입장입니다.

여러분은 어떤 쪽의 관점에서 인성교육을 바라보고 있습니까? 어느 쪽을 택하든 옳고 그름도, 맞고 틀리고도 없습니다. 본인이 공감하고 수용하는 쪽이 정답입니다. 중요한 것은 이 관점이 인성교육에 대한 생각과 행동에 상당한 영향을 미친다는 점입니다. 그래서 어느 쪽이든 깊이 생각해보는 것이 인성교육에 접근하는 사람에게 꼭 필요한 과정입니다. 다만 여기에서는 맹자의 성선설 관점에서 인간이 태어날 때 가지고 온 마음이 무엇인가를 제시하고자 합니다.

이에 대해 맹자는 사덕(四德), 즉 '인의예지(仁義禮智)'를 인간의 본성으로 보았습니다. 그리고 이것을 알아보는 마음의 단서로 측은지심(惻隱之心), 수오지심(羞惡之心), 사양지심(辭讓之心), 시비지심(是非之心)을 말했습니다. 이것은 수백 수천 가지 색의 원천인 3원색(빨강, 파랑, 초록)에 비유할 수 있습니다. 이 세상에 존재하는 색은 셀 수 없이 많습니다. 그중에서 우리가 느끼고 확인할 수 있는 색의 범위를 약 20가지로 한정하여 사용합니다. 인간의 마음은 어떨까요? 인간의 마음도 셀 수 없고, 끝도 없습니다. 그래서 사람들은 인간의 마음을 표현할 때 그 범위를 한정해서 몇 개의 단어로 보여줍니다. 이것을 '덕목(德目)'이라고 합니다.

> 감사·겸손·경청·공감·공경·공손함·공평·관용·근면·끈기·나눔
> 노력·도전·목표의식·배려·배움·봉사·사랑·성실·소신·소통·시민의식
> 신뢰·애국심·여유·열린 마음·열정·예의·용기·유머·인류애·자유
> 자율·절제·정의·정직·존중·지혜·진정성·책임·친절·한결같음·협력

인성을 보여주는 덕목들

결국 두 번째 질문인 "인간이 태어날 때 가지고 온 마음은 무엇인가?"에 대한 답은 '덕목(德目)'입니다. 따라서 이 마음을 키우는 교육이 인성교육이며, 덕목은 인성교육에서 가장 중요하게 다루는 재료입니다.

인성교육에 꼭 필요한 핵심 재료 3가지

한국의 대표 음식인 '김치'를 만들려면 어떤 재료가 필요할까요? 한두 가지가 아니겠지만 배추, 고춧가루, 소금은 반드시 있어야 하는 필수 재료입니다. 이런 재료들을 적절한 비율로 잘 섞어야 제대로 된 김치의 맛을 낼 수 있습니다. 인성교육에도 3가지 핵심 재료가 있습니다. 이 3가지 재료만 잘 사용해도 훌륭한 인성교육 활동을 할 수 있습니다.

첫 번째 재료는 '덕목(德目)'입니다.

앞 장에서 살펴본 덕목들을 다시 한 번 살펴봅시다. 덕목은 인간의 선한 마음을 표현해주는 지표입니다. 여기서 '선한 마음의 표현'이란 겉으로 드러나는 행동입니다. 즉 덕목이란 선한 마음과 연결된 어떤 행동입니다.

예를 들어, 누군가 이름도 밝히지 않고 어려운 사람들을 도와주라며 한 단체에 돈을 보냈다면, 우리는 그런 행동을 '기부' 또는 '나눔'이라고 합니다. 또 어디 낯선 곳에서 길을 잃었을 때 누군가가 시간을 내어 자세히 안내해주었다면 우리는 이런 행동을 '친절' 또는 '배려'라고 말합니다.

이와 같이 덕목은 그 사회에서 많은 사람들이 인정하고 칭송하는 바람직한 행동이자 마음을 상징합니다. 이 덕목을 잘 활용하면 우선 그 행동과 연결되어 있는 선한 마음에 영향을 미칠 수 있습니다. 실제로 여러 선생님들이 실천한 인성교육 사례들을 보면 덕목을 활용한 활동들이 상당히 많습니다. 이는 덕목이 인성교육에 훌륭한 재료로 쓰인다는 점을 말해줍니다.

두 번째 재료는 '가치관'입니다.

가치관은 옳고 그름을 판단하는 기준입니다. 또한 덕목이 어디에서, 어떤 목적으로 발휘되느냐에 영향을 미치는 요소입니다. 예를 들어, 충(忠)이라는 덕목은 마음을 한곳에 두고 변하지 않는다는 뜻입니다. 이순신 장군이 임진왜란 때 발휘한 것은 나라에 대한 충(忠)입니다. 그런데 이 충(忠)은 폭력 집단에도 존재합니다. 그곳에서도 충(忠)을 말하고 요구하며, 좋은 덕목으로 인정합니다. 하지만 이순신과 폭력배의 충(忠)은 엄연히 다릅니다. 이순신 장군은 충이라는 덕목을 백성을 살리는 데 썼고, 폭력배는 남을 힘들게 하는 데 사용했기 때문입니다.

이처럼 같은 덕목도 어떤 목적으로 사용하느냐에 따라 그 가치가 달라집니다. 이 목적에 결정적 역할을 하는 것이 사람의 가치관입니다. 따라서 가치관은 인성교육에서 매우 중요한 재료입니다.

특히 청소년기는 가치관이 형성되는 중요한 시기이므로, 이러한 가치관을 재료로 한 인성교육 프로그램이 반드시 필요합니다. 그렇다면 학생들의 가치관 정립을 위해 도움이 되는 인성교육에는 어떤 것들이 있을까요?

한 가지 예로 가치관이 담겨 있는 이야기(story)를 소재로 사용하는 것입니다. 우리가 잘 아는 『탈무드』에는 어떤 상황에서 어떤 판단을 내리는 것이 현명한가를 생각해볼 수 있는 이야기가 많이 실려 있습니다. 『탈무드』, 『이솝 우화』 등은 교훈이나 가르침을 이야기로 전달합니다. 어린이들이 좋아하는 동화, 어른들이 좋아하는 소설도 모두 이야기로 되어 있습니다. 이야기는 사람의 뇌가 가장 쉽게 받아들이는 학습 방식이라고 합니다. 이야기를 읽으며 등장인물들이 배경과 사건 속에서 어떤 선택을 하고 어떤 말과 행동을 하는지에 대해 생각하고 토론하는 것은 가치관 교육에 아주 효과적인 방법입니다.

세 번째 재료는 '태도'입니다.

태도는 사람의 행동방식으로, 내면의 선한 마음이 드러날 때의 모양입니다. 즉 '감사'의 마음을 표현할 때 말로만 "감사합니다."라고 할 수도 있고 고개를 숙이면서 말할 수도 있습니다. 또한 부모님이나 어른과 이야기를 나눌 때 취하는 행동 등은 모두 태도와 관련이 있습니다. 이는 인간관계와 사회생활에도 큰 영향을 미치는 요소입니다. 태도는 눈에 보이는 행동이기 때문에 그것이 어떤가에 따라 그 사람의 성품이 평가됩니다.

하버드 경영대학원의 한 보고서에 따르면, 기업 성공의 핵심 요인은 정보, 지능, 기술, 태도입니다. 그중에서 가장 큰 영향을 미치는 요소가 '태도'라고 합니다. 정보와 지능, 기술을 갖추고 있더라도 사람의 '태도'에 따라 성공의 성패가 달려 있다는 뜻입니다. '태도'는 문화 속에서 자연스럽게 배우기도 하지만 학습을 통해 배우는 부분도 큽니다. 인간은 마음이 바뀌면 행동이 바뀌기도 하고, 행동이 바뀌면 마음이 바뀌기도 합니다. 따라서 태도를 재료로 인성교육을 하는 것은 행동을 통해 마음이 달라지도록 하는 방식입니다.

지금까지 인성교육에 꼭 필요한 핵심 재료인 덕목, 가치관, 태도에 대해 살펴보았습니다. 이 3가지 재료로 인성교육을 할 때는 학생의 나이에 따라 강조하고 제시하는 순서에 차이를 두는 것이 효과적입니다.

예를 들어, 나이가 어린 유·초등생은 '태도→가치관→덕목' 순으로 가르치는 것이 좋습니다. 어린 학생들은 부모나 교사의 말에 무조건적으로 수용하는 편입니다. 따라서 먼저 바람직한 태도를 행동으로 옮기도록 한 후에 왜 그래야 하는지를 말해줍니다. 그런 다음 그러한 행동을 덕목과 연결하여 교육하는 것입니다.

중고등학교 학생들은 '덕목→가치관→태도' 순으로 가르치는 것이 효과적입니다. 중고등 학생들에게 '태도'를 먼저 가르치면 충돌이 일어날 수 있습니다. 태도는 가치관에서 나오기 때문에 가치관이 서로 다르면 태도도 다르게 되고, 그 태도에 대한 해석도 다를 수 있습니다. 이는 갈등의 요인이 됩니다.

가령 청소년들이 버스에서 자리를 양보하지 않거나, 어른들 앞에서 다리를 꼬고 앉거나, 인사를 하지 않는 등 세대 간의 인식 차이가 드러나는 일이 일상에서 빈번히 일어납니다. 어른들은 청소년들의 이런 행동에 불쾌감을 느끼기도 합니다. 하지만 학생들은 나이가 많다는 이유로 불쾌감을 드러내는 어른들을 이해하지 못하고 이를 못마땅하게 여깁니다. 이는 가치관의 차이 때문에 생기는 대표적인 사례입니다.

청소년들을 대상으로 인성교육을 할 때는 우선 개인적 차원과 사회적 차원에서 필요한 덕목을 찾아보는 것부터 시작합니다. 그런 다음 가치관 정립을 위한 내용과 이를 위한 적절한 행동과 태도가 무엇인지에 대해 아이들 스스로 생각하고 토론할 수 있도록 이끌어 주는 것입니다.

지금까지 살펴본 '인성교육에 꼭 필요한 핵심 재료 3가지'는 앞으로 선생님들이 인성교육 프로그램을 실천할 때 많은 도움이 될 것입니다. 그 이유는 현장에서 선생님들이 접하는 대부분의 인성교육 프로그램이나 활동이 모두 덕목, 가치관, 태도로 구성되어 있기 때문입니다. 그러므로 이 3가지를 적절히 활용하면 보다 효과적이고 수월하게 인성교육을 할 수 있을 것입니다.

I부

씨앗의 발견

2장
왜 인성인가

눈앞에 있는 일에만 급급해서

정말 중요한 것을 놓치지 않으려면

아이가 성장해서 어떤 어른이 되길 바라는지

분명히 생각해보아야 합니다.

교육을 많이 받으면 더 정의롭게 살 수 있는가

'정의'는 개인이나 사회의 도덕적 수준을 가늠하는 매우 핵심적인 단어입니다. 이 단어가 한국 사회에서 큰 화두로 떠올랐던 때가 있었습니다. 미국 하버드대 교수인 마이클 샌델의 『정의란 무엇인가』가 출간된 이후입니다.

한국에 초청된 마이클 샌델 교수에게 한국 기자가 이렇게 물었습니다.(중앙일보, 2010.8.20. 마이클 샌델 인터뷰)

"한국의 교육열은 대단히 높습니다. 교육을 많이 받으면 더 정의롭게 살 수 있다고 봅니까, 아니면 품성이 중요하다고 봅니까?"

한국의 교육열은 세계 어느 나라 못지않게 높습니다. 교육열이 높다는 것이 무슨 문제이겠습니까? 다만 높은 교육열로 인한 경쟁과 낙오, 사람들 간의 격차, 교육수준에 따른 불평등한 구조 등이 문제입니다. 이런 문제의식을 갖고 있던 많은 사람들은 그의 대답을 궁금해했습니다. 마이클 샌델은 이렇게 답했습니다.

"품성입니다. 교육을 많이 받는다고 더 정의롭게 산다는 보장은 없습니다. 어떤 교육을 받는지가 더 중요합니다." 이어서 그는 "사회지도자가 될 학생들은 우리가 직면한 거대한 도덕적 도전들에 대해 질문하고 배워야 합니다."라는 말도 덧붙였습니다. 이는 높은 교육열에 반해, 공정과 정의 같은 도덕적 가치의 수준은 낮은 한국의 현실을 예리하게 꼬집은 거라 마음이 씁쓸했습니다.

 이 인터뷰 이후 10여 년이 흘렀습니다. 현재 우리 사회는 10년 전보다 더 정의로워졌을까요? 교육열은 그동안 결코 낮아지지 않았으며, 학생들의 학습량도 줄지 않았습니다. 그러나 우리가 느끼는 사회의 도덕적 가치는 높아졌다고 확신하기 어렵습니다. 이는 지식과 품성의 거리가 멀어진 현상이 아닐까요? 샌델의 말처럼 '어떤 교육을 받는지'가 문제라면 우리는 지금까지 어떤 교육을 해왔는가에 대해 자문해 보아야 합니다. 이런 질문과 자성은 교육의 올바른 방향을 설정하는 데 도움이 됩니다. 인생에서 중요한 것은 속도가 아니라 방향이라는 말처럼 교육에서도 이제 속도보다는 방향에 대한 고민이 절실히 필요합니다.

 평화교육자 로젠버그는 교육의 목적이 삶을 풍요롭게 하는 것, 즉 우리의 마음과 정신을 확장하는 데에 있다고 말했습니다. 마음과 정신의 확장, 바로 이 방향의 전환에 인성교육이 있습니다. 인성교육은 지식과 품성의 거리를 좁힐 것입니다. 이는 슬로건이나 문서에만 있는 것이 아니라 교육 현장에 있는 아이들이 느낄 수 있어야 합니다. 그 변화의 시작을 여는 주체는 교사들입니다. 우리 교사들이 먼저 이런 방향으로 교육에 임한다면, 10년 뒤에는 '정의'가 갈망이 아닌 현재 누리고 있는 가치가 되어 있지 않을까요?

어떤 어른이
되기를 바라는가

인성교육에 관심을 갖고 무언가 시작하려는 선생님에게 이 질문을 드려봅니다.

"아이가 성장해서 어떤 어른이 되기를 바라십니까?"

이 질문은 앨프레드 아들러라는 심리학자가 한 것입니다. 개인심리학자라 불리는 아들러는 한 개인이 인생에서 '삶을 주체적으로' 꾸려가는 데 필요한 것에 관심이 많았습니다. 그래서 그의 글은 삶을 행복하고 긍정적으로 살고자 하는 사람들에게 힘과 용기뿐만 아니라 깊은 영감을 줍니다. 그는 교사와 학부모들을 위한 강연에서 이렇게 말했습니다.

"부모나 선생님은 아이를 적절히 교육하기 위해서 아이가 성장해서 어떤 어른이 되길 바라는지에 대해 분명히 알고 있어야 합니다. 그렇지 않으면 바로 눈앞에 놓인 일에만 급급해서 정말 중요한 것을 놓치고 말 것입니다."

눈앞에 있는 일에만 급급해서 정말 중요한 것을 놓치지 않으려면 아이가 성장해서 어떤 어른이 되길 바라는지 분명히 알고 있어야 합니다. 교사나 부모들은 "어떤 어른이 되기를 바라십니까?"라는 질문에 어떻게 대답할까요? 실제 현장에서 만난 분들의 이야기를 같이 들어볼까요? 여러분도 자신의 답을 써보시기 바랍니다.

- 자신이 좋아하는 것을 알고 그것을 즐기는 사람
- 마음이 평온하고 흔들림이 없는 사람
- 타인을 배려하는 따뜻한 사람
- 다양한 분야에 도전하고 성취를 나누는 사람
- 자신도 행복하고 주변 사람을 행복하게 해주는 사람
- 자신의 능력을 자신만이 아닌 타인을 위해 쓸 수 있는 사람
- 모두에게 소중함을 느끼는 사람
- 실력과 인성을 겸비한 따뜻한 능력자
- 남과 더불어 조화롭고 뜻깊은 인생을 사는 사람
- (   )

어떻습니까? 이는 모든 부모와 교사들의 진실된 바람 아닐까요? 이런 어른들이 가정을 꾸리고 자기 분야에서 타인을 배려하면서 만들어가는 공동체를 떠올리면 어떤 느낌이 드나요? 우리가 미래 세대에게 물려주어야 할 세상은 바로 이런 모습이 아닐까요?

아이 입장에서 어른이 된다는 것은 미래의 일입니다. 그런데 지금, 미래의 질문을

던지는 것은 어떤 의미가 있을까요? 작가 헨리 데이비드 소로는 "최종 결과의 모습을 분명하게 머릿속으로 그리는 것은 그것을 이룰 수 있는 힘을 준다."고 말했습니다. 또한 "그것을 상상하면 나는 그것이 될 것이고 그것을 행할 것이며, 때가 되었을 때 그것을 얻게 될 것이다."라고 말했습니다.

미래는 상상 속에서만 존재하는 것이 아니라 현재와 연결되어 있습니다. 따라서 미래에 아이가 어떤 모습의 사람이 되길 바라는지 생각해보는 것은 현재를 어떻게 살아야 하는가에 영향을 미칩니다. 그래서 "어떤 어른이 되기를 바라십니까?"라는 질문은 교육에 대한 우리의 행동과 방향을 생각해보도록 합니다.

우리가 자녀나 학생들에게 바라는 모습이 있듯이, 그 아이들도 어른들에게 바라는 모습이 있습니다. 아이들이 미래에 어떤 사람이 되기를 바라기 전에 지금 나는 어떤 어른으로 그들 앞에 서 있는지 자문해야 합니다. 왜냐하면 아이들은 현재 우리의 모습을 보고 배우면서 어른이 되기 때문입니다.

난 사람, 든 사람
된 사람

다음 문제를 읽고 답을 맞혀보세요.

> Q. 다음 네 명 중 다른 한 사람은 누구일까요?
> 사람(1)이면 다 사람(2)이냐?
> 사람(3)다워야 사람(4)이지?

정답은 1번입니다. 사람은 난 사람, 든 사람, 된 사람, 이렇게 세 종류가 있다고 합니다. 앞에서 말한 "아이가 성장해서 어떤 어른이 되기를 바라는가?"에 대한 여러분의 답은 세 사람 중에 무엇에 해당합니까? 아마도 '된 사람'일 것입니다. 결국 우리가 궁극적으로 지향하는 방향은 '된 사람'을 키우는 일입니다. 그렇다고 '난 사람'과 '든 사람'의 가치를 낮게 보는 것은 아닙니다. 다만 무엇이 먼저이고 더 중요한가를 생각해보는 것입니다.

공자는 "그림을 그리는 일이 흰 종이를 마련한 뒤에 가능한 것처럼, 사람도 기본적인 인성이 갖추어져야 다른 일도 할 수 있다."라고 말했습니다. 여기서 인성은 '된 사람'을 말합니다. 먼저 '된 사람'이 된 후에 학문을 배워 '든 사람'이 되고, 자신의 특기를 살려 '난 사람'이 되어야 한다는 뜻입니다.

우리 교육은 '된 사람'을 교육의 목표로 삼지만, 현실은 '난 사람'과 '든 사람'을 만드는 데 에너지와 시간을 많이 써왔습니다. 성공을 하려면 지식을 많이 쌓고 특기를 계발해야 합니다. 부와 명예, 권력도 필요합니다. 그런데 정말 그것들만으로 성공을 말할 수 있을까요? 성공의 기준을 부와 명예, 권력으로 본다고 하더라도 지식과 특기만 있으면 이것들을 얻을 수 있을까요?

성공한 사람들을 연구한 학자들에 의하면, 지식과 특기만으로도 부와 명예, 권력을 얻어 성공의 자리에 갈 수 있지만, 그것을 유지하는 것은 보장할 수 없다고 합니다. 아울러 그 성취가 행복한가는 또 다른 문제입니다. 그래서 성공을 얘기할 때 '행복한 성공'이라는 표현을 쓰기도 합니다. 즉 무엇을 이루고 얻는 것만이 성공이 아니라 그것이 행복과 함께하는 성공이어야 한다는 뜻입니다.

여기서 말하는 행복이란 무엇일까요? 성공 앞에 붙이는 행복이란 '자기 자신의 만족'만을 말하지 않습니다. "아이가 성장해서 어떤 어른이 되기를 바라는가?"에 대한 여러분의 답을 생각해보면 그 의미를 찾을 수 있을 것입니다.

조선의 실학자 정약용은 「오학론(五學論)」에서 학문하는 사람들의 세태에 대해 "가까이는 마음을 다스리고 성품을 다잡을 생각은 하지 않고 멀리는 세상에 보탬이 되고 백성을 좋게 하기를 구하지 않는다."고 안타까움을 피력했습니다. 약 200년 전의 글이지만 지금도 유효한 말입니다. 예나 지금이나 학문은 '든 사람'과 '난 사람'이 될 수 있는 유용한 방법입니다. 하지만 '된 사람'을 키우지 못하는 학문은 그 중심을 잃은 것 아닐까요? 인성교육은 그 중심을 찾는 교육이며, 정약용이 바랐던 '세상에 보탬이 되고 백성을 좋게 하기를 구하는 인재'를 키우는 일입니다.

21세기 교육의 핵심은 '인성'이다

인성교육의 필요성을 느낄 수 있는 또 한 가지 자료가 있습니다. 바로 대학입시 수시 전형 때 학생들이 쓰는 자기소개서 문항입니다. 우리나라는 모든 대학이 3가지 문항을 공통적으로 사용하고 있는데, 여기에 인성에 관한 항목이 들어 있습니다. 문항을 소개하면 다음과 같습니다.

❶ 고등학교 재학기간 중 학업에 기울인 노력과 학습 경험에 대해 배우고 느낀 점을 중심으로 기술하시오.

❷ 고등학교 재학기간 중 본인이 의미를 두고 노력했던 교내활동을 배우고 느낀 점을 중심으로 3개 이내로 기술하시오.

❸ 학교생활 중 '배려, 나눔, 협력, 갈등관리' 등을 실천한 사례를 들고, 그 과정을 통해 배우고 느낀 점을 기술하시오.

자기소개서는 대학 입장에서 우수한 인재를 뽑기 위한 것이므로 그런 인재를 확인할 수 있는 항목들이 들어 있습니다. 학습, 꿈, 인성이 그것입니다. 첫 번째는 학습에 대한 노력을, 두 번째는 꿈을 위한 활동을 묻고 있습니다. 세 번째는 인성에 관한 내용입니다. 다시 말해, '학습, 꿈, 인성'을 고등학교 교육 과정에서 가장 중요한 3대 키워드로 보는 것입니다.

　인성에 관한 문항은 3번입니다. 1000자 내외로 인성 덕목에 대한 실천 사례와 이를 통해 배우고 느낀 점을 기술하는 항목입니다. 이처럼 우리 학생들은 대학에 입학할 때 '인성'에 대한 자신의 스토리를 써야 합니다. 학생들이 이 내용을 제대로 쓰기 위해서는 구체적인 자기 경험이 있어야 합니다. 그렇지 않으면 남의 이야기나 지식에 기대어 쓸 수밖에 없습니다. 자신의 이야기가 아닌 남의 이야기를 쓰거나 다른 이의 도움을 받아서 쓰면 대학 교수들은 바로 알 뿐만 아니라 좋은 점수도 주지 않습니다. 그래서 학교는 학생들이 학교생활에서 인성 덕목을 구체적으로 경험하고 생각해볼 수 있도록 다양한 기회를 만들어주어야 합니다.

　대학에서 인재를 뽑는 요소로 '인성'을 포함시키는 것은 단지 고등학교 교육 과정이나 현 시점만을 생각하는 것이 아닙니다. 인성은 AI 인공지능 시대라고 불리는 4차 산업혁명 시대에도 꼭 필요한 요소입니다.

　사람들은 '인성교육' 하면 옛날 서당이나 유학의 인상이 많이 남아 있어 그런지 고리타분하거나 옛것 정도로 생각하는 경향이 있습니다. 그러나 인성의 의미와 인성교육의 중요성에 대해 생각해보면, 인성은 미래인재의 조건 중 빼놓을 수 없는 핵심입니다. 21세기를 4차 산업혁명 시대, AI 인공지능 시대라고 합니다. 우주 시대가 열릴 것이고 날아다니는 차가 생길 것이며, 모든 기계가 사람의 말을 다 알아듣고 스스로 움직일 것입니다. 지금은 상상조차 할 수 없을 만큼 편리한 세상이 펼쳐질 것이라는 데는 대부분 공감합니다. 그런 세상은 디지털을 기반으로 만들어지는 기술의 발달에 의한 것입니다.

문제는 이러한 물질적 발달과 보조를 맞출 만큼 정신이 성숙되어 있는가 하는 것입니다. 왜 이런 질문을 해야 할까요? 물질은 정신에 의해 조절되며 그 활용 방향과 쓰임의 정도가 결정되기 때문입니다. 그 기술이 무엇이든 마지막 지향점이 사람의 행복을 위한 것이어야 한다는 전제는 변함이 없습니다. 따라서 이런 전제가 작동하려면 정신의 성숙이 함께 동반되어야 합니다.

『4차원 교육 4차원 미래역량』의 저자는 "21세기 핵심역량이 무엇이며, 무엇을 가르치고 배워야 하는가?"라는 질문에 '지식', '기술', '인성', '메타학습'을 제시했습니다. 이처럼 인성교육은 기술의 놀라운 발전이 가속화될 미래에 오히려 더 필요하고 중요하며, 정신의 성숙과 긴밀하게 연결됩니다.

II부

씨앗 뿌리기

3장
아이들 마음 세우기

자기만의 가치 세우기는 학생들이 공동체 생활을 하는 데 필요한 소통과 협력의 힘을 기르도록 도움을 줍니다. 사람은 가치관에 따라 생각과 행동의 방향이 결정됩니다.

01 아이들 따뜻하게 맞이하기

- 활동 대상 초등 이상
- 소요 시간 20분 내외
- 가치 덕목 존중, 책임
- 핵심 역량 심미적 감성 역량

봄이 되면 농부는 가장 먼저 겨우내 언 땅을 일굽니다. 쟁기나 경운기로 논밭의 흙을 뒤집는 밭갈이를 시작합니다. 밭갈이를 하면 봄에 내리쬐는 따스한 햇볕이 흙 속의 병균들을 자연스럽게 소독해줍니다. 우리 교사들도 농부처럼 학급이라는 밭갈이를 부지런히 준비합니다. 3월 첫날 만날 아이들을 생각하면서 '학급 밭갈이'를 시작해봅시다. 잘 다져진 밭에 다양한 종류의 농작물이 싱그럽게 자라듯, 반 아이들도 아름답게 공동체를 이루며 성장할 것입니다.

'아이들 따뜻하게 맞이하기'에서는 인성교육을 위해 담임교사가 기본적으로 준비해야 할 것을 알아봅니다.

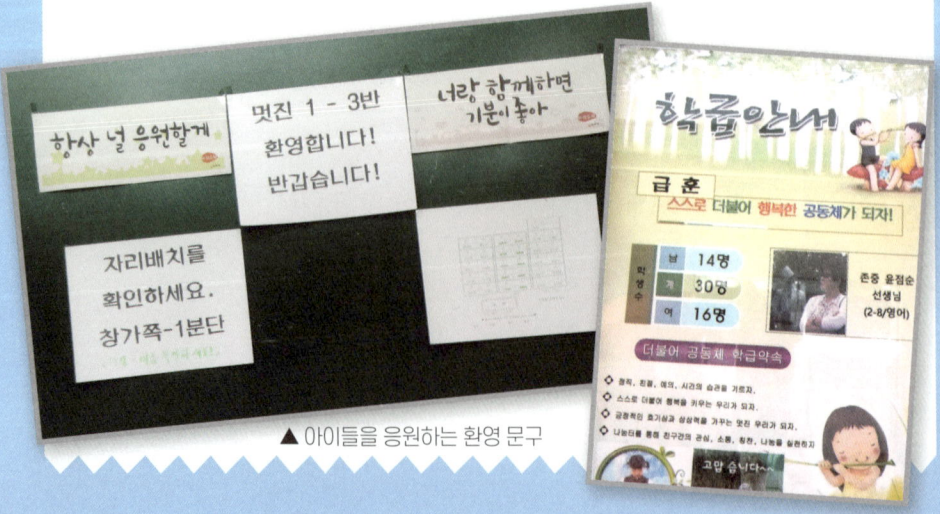

▲ 아이들을 응원하는 환영 문구

 활동 방법

> **준비물** 학급성장 안내문(학생용, 부모용), TOP 5 가치 보팅판, 학급안내 액자

❶ 칠판에 환영 문구, 응원글, 자리 배치표를 붙입니다.

❷ 교실을 미리 깨끗하게 청소하고 정리합니다.

❸ 학급안내 소개 액자를 미리 만들어 붙입니다.

❹ 학생용 학급성장 안내문을 준비합니다.

❺ '학급성장 안내문'에는 담임교사의 연락처, 과목, 교무실 위치, 급훈, 교육철학, 학급 실천사항, 학급 약속, 내신성적 산출, 학교생활 기록부 중요항목 중 출결, 봉사, 수상에 대한 내용을 넣습니다.

❻ 부모를 위한 학급성장 안내문도 함께 준비합니다. 이 내용은 학생용 안내문을 요약하면 됩니다. 단, 미리 봉투에 넣어서 학생 편에 전달합니다. 부모가 작성하는 자녀소개서도 함께 준비합니다.

❼ 3월 첫날 첫 시간에 작성할 학생용 자기소개서를 준비합니다.

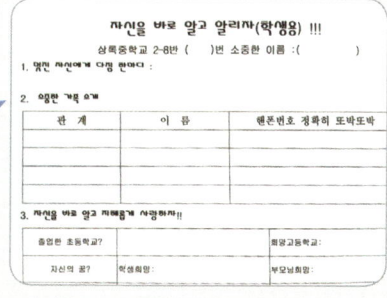

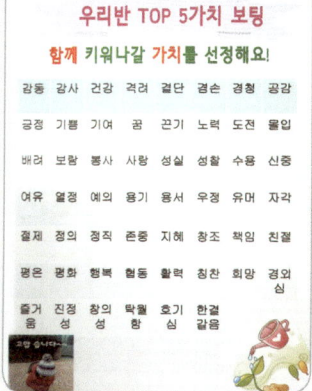

❽ 'TOP 5 가치 보팅판'을 준비해서 게시판에 붙입니다.

❾ 학급 도우미와 봉사 시간 안내문을 준비해서 3월 첫날 도우미를 선정합니다.

- 교사는 2월 말(개학 전)에 교실을 깨끗하게 청소합니다.
- 청소할 때 교탁 안, 사물함, 책상 안, 청소도구를 정리합니다.
- 책상 낙서, 게시판 낙서, 교실 벽 낙서도 제거합니다.
- 커튼, 학급 비품(거울, 액자, 벽시계 등)의 상태도 살펴봅니다.
- 번호 순으로 책상과 의자를 깔끔하게 배열하고, 책상에 학번과 이름을 붙입니다.
- 학급 명렬표를 교탁에 붙여 두면 더 좋습니다.
- 칠판에 아이들을 환영하는 문구나 긍정적인 문구를 붙입니다.
  예 소중한 여러분을 환영합니다! 항상 너희들을 응원한다!
- 학급시간표, 달력, 개인 사물함에 붙일 번호를 준비합니다.
- 개인 사물함에는 개인정보보호를 위해서 이름보다는 번호를 붙입니다.
- 학급성장 안내문(부모용)과 자녀소개서를 개인별 봉투에 넣어서 준비합니다.
- 학급 소통 일지를 준비해서 학생들이 3월 첫날부터 번호 순으로 기록하고 발표를 하도록 합니다.
- 학습 플래너를 준비해서 학생들이 3월 첫날부터 작성하도록 합니다.
- 3월에는 번호 순으로 책상을 배열하면 학생들의 이름을 외우는 데 도움이 됩니다.

> "오랫동안 산길을 걸으며 마음을 정리하고 새로운 다짐들도 합니다.
> 담임으로서의 교육철학과 방향을 정리하고 마음에 새깁니다."

    교사들이 일 년 중 가장 긴장되는 시간은 아마 2월 말 새로운 업무가 발표되는 순간일 것입니다. 가장 긴장되면서 약간은 설레는 순간이기도 합니다. 새로운 출발선에 다시 서는 날이니까요.

    저는 2월 말에 업무가 발표되고 학급반이 결정되면 제일 먼저 하는 일이 교실을 둘러보는 것입니다. 청소할 것과 준비할 것들을 구상하지요. 그런 다음 고무장갑과 마스크를 착용하고 교실 창문을 활짝 열고, 즐거운 음악을 들으며 청소를 시작합니다. 깔끔하게 청소를 하고 나면 기분이 더 좋아집니다. 그런 다음 하나하나 준비를 합니다.

    물리적인 준비를 끝내고, 개학 전 주말에는 산행을 합니다. 오랫동안 산길을 걸으며 마음을 정리하고 새로운 다짐들도 합니다. 담임으로서의 교육철학과 방향을 정리하고 마음에 새깁니다. 그리고 급훈도 정합니다. 급훈은 담임교사가 일 년 동안 아이들과 함께 가꾸어나갈 교육의 방향이자 철학입니다. 저는 제가 정한 급훈을 3월 첫날 첫 만남 시간에 아이들에게 이야기해줍니다. 물론 아이들이 정하는 것이 낫다고 생각하는 분들도 있을 것입니다.

    이렇게 2월에 미리 준비하면 3월 첫날을 더 힘차고 당당하게 아이들을 맞이할 수 있습니다. 미리 준비하는 사람은 여유가 있고 혹시 실수가 있어도 바로 수정하고 보완할 수 있습니다. 아이들과 함께 즐겁고 행복한 학급 공동체로 성장해나갈 밭을 갈아두는 거죠. 그 밭에 아이들과 함께 다양한 종류의 씨앗을 뿌리고 가꾸어갈 상상을 하면 즐겁고 행복해집니다.

특히 3월 첫날, 학생 편에 '부모를 위한 학급성장 안내문'과 '자녀소개서'를 봉투에 넣어 보냅니다. 부모들은 그 작은 정성에 담임교사를 신뢰하고 더 적극적으로 아이들을 지지하고 격려해줍니다.

부모가 쓰는 '자녀소개서'에는 아이들의 건강, 취미, 꿈, 좋아하는 음식, 좋아하는 운동, 노래 등 아이들과 조금만 소통하고 대화해도 알 수 있는 것들을 담아 보냅니다. 부모와 아이들이 대화할 수 있는 기회를 주는 것이지요. 교사 입장에서도 부모나 아이들과 상담을 할 때 얘기할 수 있는 좋은 대화 소재가 됩니다. 교사와 학생, 교사와 부모가 서로를 신뢰하도록 해주는 밑거름이 되기도 합니다.

02 단어 카드로 자기(모둠) 소개하기

- **활동 대상** 초등 이상
- **소요 시간** 20분 내외
- **가치 덕목** 공감, 신중, 지혜
- **핵심 역량** 자기관리 역량, 창의적 사고 역량

자신의 생각을 표현해보는 활동은 의사소통의 시작이 될 수 있다는 점에서 매우 중요합니다. 이때 처음부터 말로 자신의 생각을 이야기하는 것이 학생들에게는 부담이 될 수 있습니다. 『단어의 사생활』의 저자 제임스 W. 페니베이커는 "우리는 모두 단어 속에 자신의 흔적을 남긴다. 무심코 내뱉는 일상의 단어가 내가 어떤 사람인지를 알려준다. 말과 글이 난무하는 세상, 이제는 단어가 사람을 이해하는 열쇠다."라고 말했습니다.

단어 카드를 비롯한 교육 도구를 적절하게 활용하면 학생들의 흥미 유발은 물론, 창의적 사고 작용을 통한 효과적인 생각 꺼내기와 의미 전달에도 도움이 됩니다.

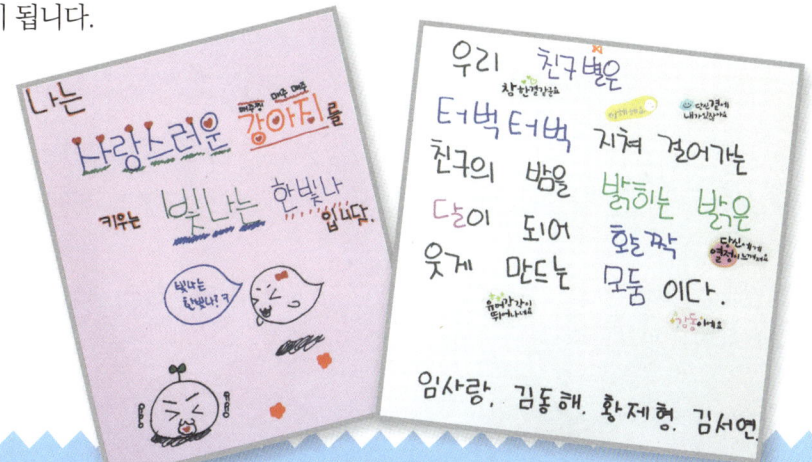

▲ 단어 카드로 만든 자기소개서(모둠소개서)

✏️ 활동 방법

> 🔍 **준비물**   단어 카드(형용사, 명사, 동사, 연결어 카드 등),
> 사인펜(네임펜) 등 필기도구

① 학생들은 단어 카드 (형용사, 명사, 동사, 연결어 카드 등)를 책상 위에 펼쳐 놓습니다.

② 카드의 내용을 살펴보고, 자신 또는 모둠 소개에 어울리는 카드를 골라 문장을 완성합니다. 이때 각 카드별로 1장씩 고르되, 소개글을 긴 문장으로 작성할 때에는 몇 장 더 선택해도 좋습니다.

③ 선택한 카드 글자는 다른 색깔 펜으로 적고, 완성 후에는 발표를 합니다.

④ 발표를 할 때에는 자신(모둠)이 선택한 카드가 무엇인지 말한 다음, 완성된 문장으로 발표합니다.

- 본 활동은 개인 및 모둠 소개뿐만 아니라 친구, 부모님, 선생님 또는 교과서에 나오는 등장인물 등을 소개할 때도 활용이 가능합니다.
- 단어 카드는 시중에 판매되고 있는 교구를 활용해도 좋고, A4 종이에 단어를 적어 오려서 사용해도 좋습니다.
- 문장을 완성한 후, 내용과 관련 있는 그림을 간단히 그려 넣으면 멋진 작품을 완성할 수 있습니다.
- 선택할 카드 개수는 활동 내용에 따라 교사가 적절하게 제시해줍니다.
- 발표가 끝난 후, 짝이나 다른 모둠과 돌려 읽기를 하면서 내용과 관련된 칭찬의 글 또는 스티커를 붙여도 좋습니다.

응용하고 확장하기 단어 카드로 동아리 소개하기

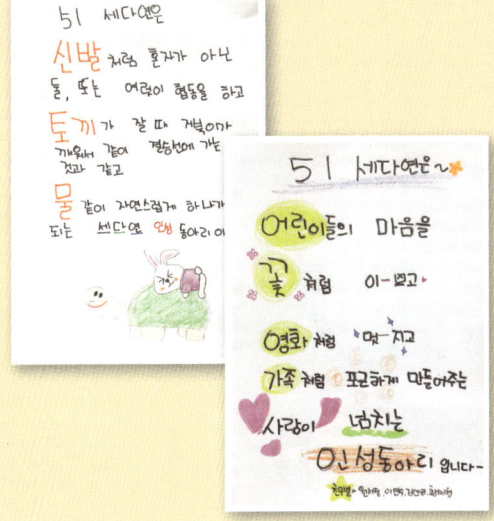

단어 카드를 활용해 동아리를 소개하는 활동을 할 수 있습니다. 모둠원들의 토의를 통해 적절한 단어 카드를 선택하고, 그 단어들을 활용하여 동아리를 소개하는 문장을 씁니다. 이때 선택한 단어는 다른 색깔 펜으로 쓰고, 마지막에 소개하는 내용과 관련 있는 그림을 간단히 그려 넣습니다.

백쌤의  이야기 톡톡

"단어 카드를 활용하면 학습 능력과 크게 상관없이
대부분의 학생들이 자신의 생각을 잘 표현해요."

　단어를 많이 쓰면 생각을 논리적으로 하는 데 도움이 된다고 합니다. 사람의 뇌는 단어를 인식하면 그 단어와 관련된 지식, 경험, 장면, 인물 등 다양한 정보를 끌어 모은다니 그 속에서 나름의 논리력을 갖추는 것이겠지요.

　앞에서 언급한 다양한 활동에 단어 카드를 적절히 활용하면 학생들이 큰 부담을 갖지 않고도 자신의 생각을 남과 공유할 수 있습니다. 또한 자신이 선택한 카드에 자신의 생각을 투영하여 나만의 문장으로 완성할 수 있습니다. 학습 능력과 크게 상관없이 대부분의 학생들이 단어 카드를 활용하여 자신의 생각을 효과적으로 표현해내는 모습을 볼 수 있다는 점에서 교육적 의미가 큽니다. 이러한 활동은 학생들이 어떤 대상에 대해 좀 더 풍성하게 생각하고 표현하는 데 도움이 됩니다.

03 자아선언문 선포하기

- 활동 대상 초등 이상
- 소요 시간 20분 내외
- 가치 덕목 긍정, 몰입, 배움
- 핵심 역량 심미적 감성 역량

자기만의 긍정적인 가치 세우기는 공동체 생활을 하는 학생들에게 소통과 협력의 힘을 기르는 데 도움이 됩니다. 사람은 가치관에 따라 생각과 행동의 방향이 결정됩니다. 다중지능이론으로 유명한 심리학자 하워드 가드너는 "개인의 능력을 나타내는 것은 각자의 지능이지만, 그 지능을 올바른 방향으로 활용하게 만드는 것은 자신이 가지고 있는 가치이다."라고 말했습니다.

'자아선언문 선포하기'는 자신이 선택한 가치를 활용하여 자아선언문을 만들고 친구들 앞에서 발표하면서 자존감을 향상시키는 활동입니다. 또한 이 활동은 친구의 핵심 가치가 무엇인지 알 수 있으며, 학급 공동체 역량 강화에도 많은 도움이 됩니다.

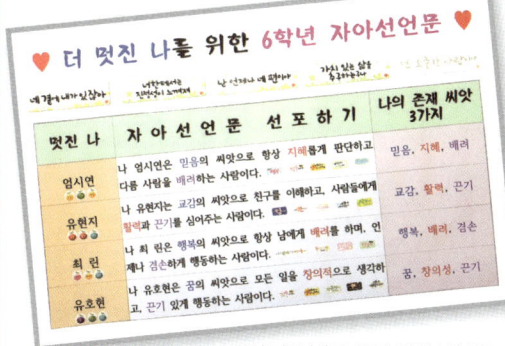

▲ 자신이 선택한 '가치'로 만든 자아선언문

🖊 활동 방법

> **준비물** 씨앗모아 카드(가치 목록표), 마인드업 스티커,
> 씨앗덕목 스티커, 포스트잇 등

① 씨앗모아 카드를 학생들에게 1장씩 나누어 줍니다.

② 각자 자신에게 꼭 필요한 가치를 3개씩 고릅니다.

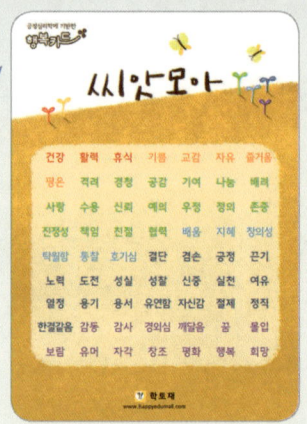

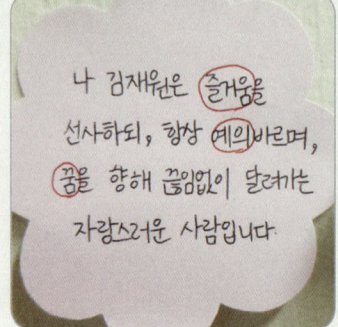

③ 나는 어떤 사람인지 또는 어떻게 살고 싶은지 생각해보고, 자신이 고른 3개의 가치를 넣어 사진처럼 문장으로 씁니다.

④ 문장을 다시 읽어보며 자신을 격려해줄 수 있는 적절한 칭찬 스티커(마인드업 스티커)를 붙입니다.

⑤ 모둠별(또는 전체)로 활동 결과를 공유하는 시간을 갖습니다.

- 교사는 카드에 있는 가치 중에 뜻이 어려운 단어를 골라 미리 설명해줍니다.
- 학생들이 핵심 가치를 고를 때는 자신의 성장에 꼭 필요한 가치가 무엇인지 생각해보도록 합니다.
- 학년 또는 학생의 발달 정도에 따라 고르는 가치의 개수를 달리 할 수 있습니다.

응용하고 확장하기 | 가치 씨앗 출석 부르기

학생들에게 자신이 선택한 핵심 가치 3개 중에서 대표 가치 1개를 고르도록 합니다. 이 대표 가치를 가치 출석부로 활용합니다.

> 예) "우리 반에 '행복'이 있나요?"라고 교사가 말하면, 대표 가치가 '행복'인 학생이 손을 들며 "행복 있습니다."라고 대답합니다.

"자신의 핵심 가치를 정하고 이를 친구들 앞에서
다짐해보는 의미 있는 시간입니다."

저는 학생들이 '자아선언문 선포하기'에 적극적으로 참여하는 모습이 매우 인상적이었습니다. 가치 카드(씨앗모아 카드)에 적혀 있는 가치들을 살펴보고, 그것들 중에서 자신에게 필요한 가치를 생각해본다는 것은 무척 의미 있는 경험입니다.

이러한 사고 과정을 거쳐 자신에게 꼭 필요한 핵심 가치를 정하고, 이를 '자아선언문'으로 만들어 자신과 친구들 앞에서 다짐해보는 것은 학급 공동체라는 이름으로 함께 생활하는 학생들이 올바른 방향으로 나아갈 수 있도록 해주는 촉매제 역할을 합니다.

04 가치 담은 칭찬 카드 쓰기

- **활동 대상** 초등 이상
- **소요 시간** 10분 내외
- **가치 덕목** 자각, 도전, 실천
- **핵심 역량** 자기관리 역량, 공동체 역량

칭찬하고 격려하는 마음을 전하는 글은 때로는 말보다 훨씬 큰 효과를 발휘합니다. 다른 사람이 아닌, 자기 자신에게 해주는 칭찬일 때도 마찬가지입니다. 이때 가치 덕목을 활용하여 글을 쓰면 그 효과가 더욱 커집니다. 미국의 심리학자인 윌리엄 제임스는 "기억하라! 인간 본성에서 가장 깊숙이 자리한 원칙은 사람은 누구나 칭찬받기를 갈구한다는 점이다."라고 말하며 칭찬의 중요성을 강조했습니다.

'가치 담은 칭찬 카드 쓰기' 활동은 학생들이 자기 자신을 깊이 성찰하고, 자신과 주변 사람들에게 힘과 용기를 주는 글을 쓰면서 자존감과 공동체 역량을 끌어올리는 의미 있는 시간입니다.

▲ 소중한 사람들에게 보내는 가치 칭찬 카드

활동 방법

> **준비물** 가치(씨앗모아 카드) 및 느낌(느낌모아 카드) 목록표, 종이컵, 엽서카드 (또는 두꺼운 도화지), 마인드업 스티커, 사인펜(네임펜) 등 필기도구

① 자기 자신이나 주변 사람들을 떠올리며 칭찬할 대상을 정합니다.

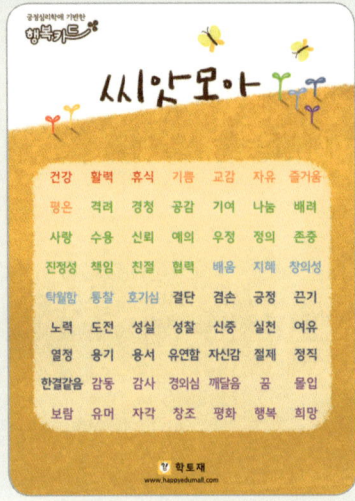 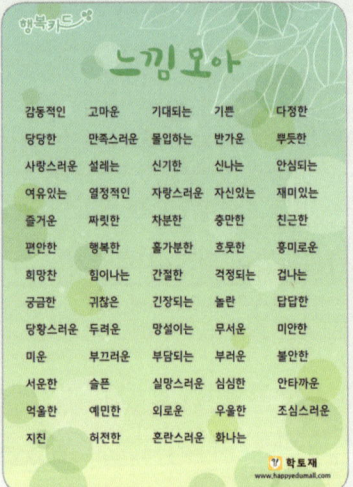

② 교사는 모둠별로 가치(씨앗모아 카드) 및 느낌(느낌모아 카드) 목록표를 나눠 줍니다. 학생들은 활용할 가치 단어와 느낌 단어를 고릅니다.

③ 칭찬할 대상의 좋은 점(강점)과 노력할 점이 무엇인지 생각해봅니다.

④ 자신의 생각을 솔직하게 쓰되, 잘하고 있는 점은 칭찬하고 부족한 점은 격려 하는 문장으로 쓸 수 있도록 합니다.

- 본 활동은 자기 자신, 친구, 부모님, 선생님 또는 책 속 등장인물 등을 대상으로 칭찬과 격려를 할 때 활용할 수 있습니다.
- 글을 쓸 때 가치와 느낌(감정) 단어를 적절히 활용하도록 안내하고, 자신이 고른 가치와 느낌 단어는 다른 색깔의 펜으로 적도록 합니다.
- 칭찬이나 격려하는 글을 쓴 다음에는 모둠별로 돌려 읽으면서 서로에게 칭찬 스티커(마인드업 스티커)를 붙여주거나 응원의 글귀를 써줍니다. 이때 친구가 써준 가치와 느낌 단어의 의미를 잘 생각해봅니다.
- 모둠별(학급 전체)로 발표한 뒤에는 전시 준비를 합니다. 종이컵에 이름을 쓰고, 종이컵을 거꾸로 하여 받침대 양 끝을 가위(칼)로 조금 오려서 틈을 만듭니다. 엽서를 틈 사이에 꽂아서 학급에 전시합니다.

응용하고 확장하기 자신에게 칭찬과 격려의 글쓰기

가치(씨앗모아 카드) 및 느낌(느낌모아 카드) 목록표를 살펴보고, 자신에게 힘과 용기를 줄 수 있는 단어를 골라 자신에게 보내는 글을 씁니다. 다 쓴 후에는 칭찬 스티커에서 자신에게 에너지를 줄 수 있는 단어를 골라 붙입니다.

"학생들이 자기 자신에게 칭찬카드 쓰는 활동을 좋아해요.
자신을 칭찬하고 격려하는 기회가 많아지면 좋겠습니다."

　인성 친화적 학급을 만들기 위해서는 자신을 비롯한 주변 사람들과 가치와 감정을 공유하는 과정이 중요합니다. 가치와 감정 단어의 의미를 잘 생각하면서 칭찬하고 격려하는 글을 쓴다면 자기 자신에 대한 이해의 폭이 넓어지고 그로 인해 자신의 내면을 잘 들여다볼 수 있습니다. 이는 자신은 물론이고 주변 사람들과 소통하는 데에도 도움이 됩니다. 소통의 기본은 가치와 감정에 대한 공감입니다.
　이 활동을 하면서 학생들에게 반응이 좋았던 것은 '자신에게 칭찬 카드 쓰기'였습니다. 부모님과 친구들, 선생님에게 감사의 편지를 쓰는 활동은 꽤 있지만, 자신을 칭찬하고 격려하는 기회는 생각보다 많지 않습니다. 학생들이 자신에게 좀 더 집중하고, 스스로를 돌아볼 수 있었으면 좋겠습니다.

05
단어로 자기소개하기

- 활동 대상 중등 이상
- 소요 시간 10분 내외
- 가치 덕목 관심, 소통
- 핵심 역량 의사소통 역량

우리는 매일매일 많은 사람을 만납니다. 새로운 사람들을 만났을 때 가장 먼저 하는 일이 자신의 이름을 밝히고 상대방의 이름을 물어보는 것입니다. 이는 자신의 이름을 소개함으로써 자신을 드러낼 준비가 되어 있다는 뜻이며, 상대를 받아들이겠다는 열린 마음을 드러내는 표현이기도 합니다.

'단어로 자기소개하기' 활동은 관심과 소통의 첫 출발입니다. 특히 학기 초, 첫날 첫 시간에 글로 자신을 소개할 때 유용합니다.

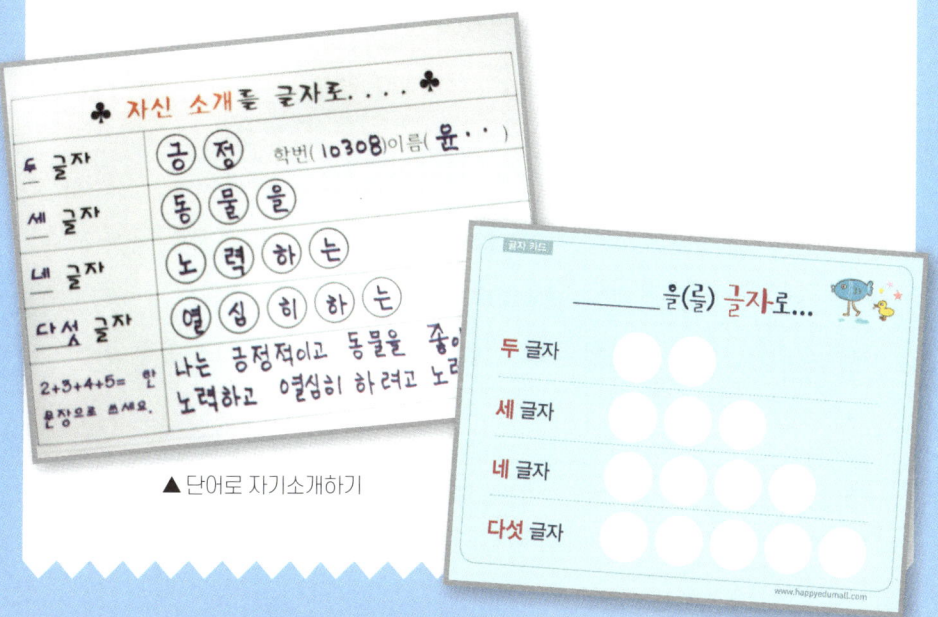

▲ 단어로 자기소개하기

활동 방법

준비물 단어로 자기소개 양식, 필기도구

① 학생들에게 '단어로 자기소개하기' 양식을 나누어주고 설명을 합니다.
② 자신을 소개할 때 두 글자, 세 글자, 네 글자, 다섯 글자로 표현합니다.
③ 두 글자, 세 글자, 네 글자, 다섯 글자로 각각 표현한 것을 모두 모아서 한 문장으로 완성합니다.
  예 긍정, 동물, 노력하는, 열심히 하는
  "나는 긍정적이고 동물을 좋아하며, 무엇이든 열심히 하려고 노력한다."

- 학생들에게 PPT를 이용해 '단어로 자기소개하기' 방법을 설명하면 이해가 더 쉽습니다.
- '글자 카드' 양식을 응용하여 자기소개를 글자로 만들어 한 문장으로 표현하도록 합니다.
- 모든 활동을 마친 뒤, 학생들의 결과물을 모아서 게시판에 전시합니다.
- 학기 초나 학기 말에 학생들의 이름은 가리고 자기소개를 글자로 표현한 후 '퀴즈로 친구 알아보기' 게임을 해보는 것은 어떨까요?
- 학생들이 제한된 글자 수로 자신을 표현하는 것을 어려워하면 힌트를 줍니다.
  예 두 글자로 자신이 가꾼 가치 쓰기, 세 글자로 자신의 꿈 쓰기, 네 글자로 자신을 표현하는 형용사 쓰기, 다섯 글자로 친구가 자신에 대해 해준 말 쓰기

윤쌤의  이야기 톡톡

> "저는 아이들과 활동을 할 때 좋은 시나 글귀를
> 먼저 읽어줍니다. 그러면 아이들이 더 진지하게
> 활동에 참여하고 활동의 의미를 더 깊이 받아들입니다."

저는 학년 말에 중학교 아이들과 '단어로 자기소개하기' 활동을 합니다. 1년을 마무리하며 자신을 소개하는 활동이지요. 1년 동안 수많은 시간을 함께한 친구들 앞에서 스스로를 소개하는 것이 쑥스럽기도 하겠지만, 아이들은 몰입을 잘합니다. 아이들이 글을 쓰는 모습은 참 아름답습니다. 한 명 한 명 자리에서 일어나 자신을 소개하는 문장을 읽는 모습도 아주 진지합니다.

시인 정현종은 「방문객」이라는 시에서 "사람이 온다는 건/실은 어마어마한 일이다."라고 말했습니다. 한 사람, 한 사람의 가치가 우주만큼 크다고 말하는 것이겠지요. 저는 아이들과 활동을 할 때 좋은 시나 글귀를 먼저 읽어줍니다. 그러면 아이들은 더 진지하게 활동에 참여하고 활동의 의미를 더 깊이 받아들이고 소중하게 생각합니다.

06 가치 출석 부르기

- 활동 대상 초등 이상
- 소요 시간 10분 내외
- 가치 덕목 관심, 소통
- 핵심 역량 자기관리 역량

가치는 사람의 생각과 행동에 많은 영향을 주는 기준입니다. 가정이나 학교에서도 가치 교육을 강조합니다. 인간은 물질에 약하지만, 어떤 순간에는 물질보다 가치를 더 소중하게 생각합니다. 사람마다 자신이 소중하게 생각하는 가치가 다릅니다. 또한 자기 발전을 위해 꼭 자신의 것으로 만들고 싶은 무엇인가가 있기 마련입니다. 가치는 결국 자신의 삶을 살아가는 방향이 됩니다.

'가치 출석 부르기'는 이러한 가치를 사용하여 자신의 존재감을 드러내고, 서로 인정해줌으로써 긍정적 자존감을 키우는 활동입니다.

▲ 가치 단어로 만든 명렬표

활동 방법

> **준비물** 씨앗모아 카드(가치 목록표), 포스트잇 또는 이름표 양식

① 학생은 씨앗모아 카드 중에서 자신이 가장 소중하게 생각하는 가치를 하나 고릅니다.

② 학생은 자신이 고른 가치 씨앗을 포스트잇에 쓴 후 자신의 이름 앞에 넣어 '호'를 만듭니다.

③ 교사는 학생들의 가치 씨앗이 들어간 새로운 명렬표를 만들어 교탁에 붙이고, 가치를 호처럼 넣어 이름을 불러줍니다.

예 경청 강준우, 감사 김성준, 노력 남순우

- 교사는 학생들의 가치 명찰을 코팅해서 교실 앞 게시판에 붙여놓고 학생들의 이름을 가치와 함께 불러줍니다.
- 학생들은 자신이 선택한 자신의 가치를 책이나 노트 표지에 붙여도 좋습니다.
- 학생들의 사물함에 가치 명찰을 붙여줍니다. 학생들이 사물함을 사용할 때마다 자신의 가치를 읽고 마음에 새길 수 있습니다.

응용하고 확장하기 **사물함에 가치 덕목 붙이기**

학생들이 선택한 가치를 자주 볼 수 있도록 사물함에 붙입니다. 사물함은 학생들이 자주 이용하기 때문에 문을 열고 닫을 때마다 본인의 가치를 볼 수 있습니다.

"저는 그 아이가 진심으로 그런 사람이 될 거라는 믿음으로 이름을 부릅니다. 선생님이 이름에 가치를 붙여서 불러주면 아이들의 마음은 어떨까요?"

저는 '가치 출석 부르기' 활동을 하면서 아이들의 밝은 표정을 자주 봅니다. 아이들은 다른 사람이 정해준 것이 아니라 스스로가 중요하게 생각하는 가치이기에 더욱 소중하게 여깁니다. 저는 아이들이 그 가치처럼 살아가기를 진심으로 응원하며 이름을 부릅니다. 소중한 가치와 함께 이름이 불리면 아이들의 마음은 어떨까요?

'가치 출석 부르기'는 아이들의 깊은 내면과 연결되는 활동입니다. 물론 처음에는 아무런 느낌 없이 참여하는 아이들도 있습니다. 하지만 자주 그 이름을 불러주면 자신이 선택한 그 가치대로 자신을 가꾸려고 조금씩 노력합니다. 마치 스펀지에 물이 스며드는 것처럼 말입니다.

에모토 마사루는 『물은 답을 알고 있다』에서 "말은 그 사람의 마음을 나타낸다. 어떤 마음으로 인생을 사느냐가 몸의 70퍼센트를 차지하는 물을 바꾸고, 그 변화는 몸에 그대로 나타난다. 건강한 몸을 가진 사람은 마음도 건강하다."라고 했습니다. 긍정적인 언어가 주는 긍정적인 힘을 교사가 먼저 믿고 아이들에게 전해야 합니다.

07 꿈in꿈 선언문 만들기

- 활동 대상 초등 이상
- 소요 시간 20분 내외
- 가치 덕목 꿈, 도전, 진정성
- 핵심 역량 자기관리 역량, 심미적 감성 역량

　장래 희망이나 꿈을 물어볼 때 학생들은 보통 직업명으로 대답합니다. 중요한 것은 직업 자체가 아니라, 그 직업에 대한 목적과 태도입니다. 인성교육에서는 바로 이 부분을 잘 가르쳐주어야 합니다. '꿈in꿈 선언문'은 자신의 꿈을 표현하는 선언문입니다. 단순히 직업을 말하는 것이 아니라, 그 직업을 통해 세상에 어떤 도움을 주고 싶은지, 이때 필요한 가치 덕목이 무엇인지 생각하여 문장으로 완성하는 활동입니다.

　'꿈in꿈 선언문 만들기'는 직업과 가치를 융합한 인성교육 활동으로, 직업을 통해 '자신의 존재 가치를 어떻게 실현할 것인가?' 하는 바람과 의지를 표현하는 활동입니다.

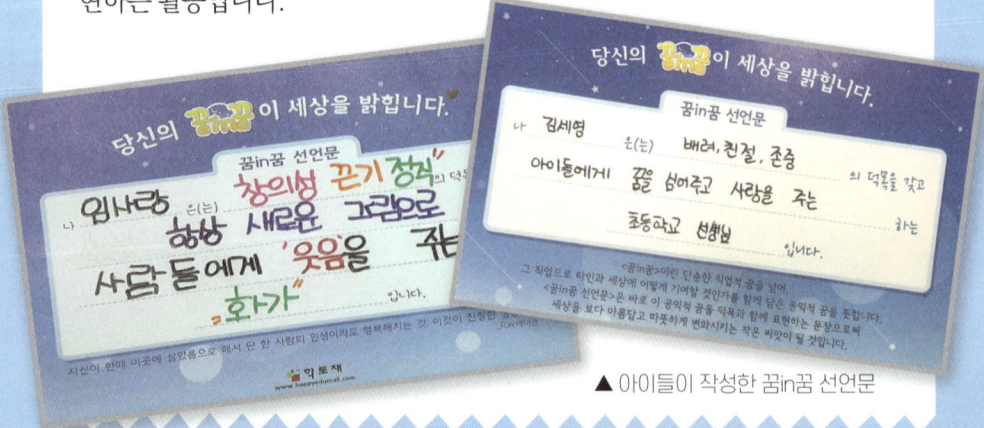

▲ 아이들이 작성한 꿈in꿈 선언문

 활동 방법

> **준비물** 꿈in꿈카드(또는 같은 형식의 워크지), 씨앗모아 카드, 필기도구

❶ 씨앗모아 카드(가치 목록표)와 꿈in꿈카드를 학생들에게 1장씩 나누어 줍니다.

❷ ①자신이 꿈꾸는 미래 직업, ②그 일을 통해 이루고 싶은 선한 의도(자기만의 소망이나 목적), ③그렇게 되기 위해 필요한 가치 덕목을 각각 씁니다.

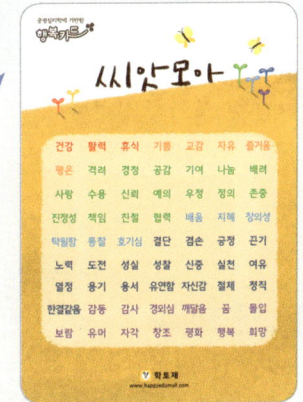

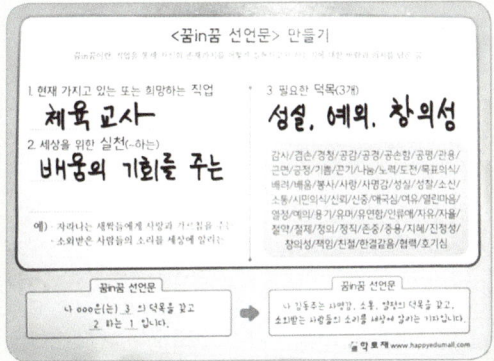

❸ 앞에서 쓴 직업, 선한 의도, 가치 덕목을 '꿈in꿈 선언문'의 형식에 맞춰 문장을 완성합니다.

❹ '꿈in꿈 선언문'을 작성한 다음에는 발표를 합니다. 이때 학생들이 다른 친구의 꿈in꿈(친구들의 꿈, 선한 의도, 필요한 덕목)을 주의 깊게 들을 수 있도록 안내합니다.

- 활동에 앞서 자신의 꿈을 명사형이 아닌 동사형으로 생각해볼 수 있도록 안내합니다. 직업 자체보다 '그 일을 어떤 마음으로 해야 하는가'에 더 가치를 두어야 진정한 꿈이라는 것을 말해줍니다. 이때 〈무한도전〉에 출연한 윤태호 작가 영상을 보여주면 동기부여에 효과적입니다. (영상은 유튜브에서 '윤태호 무한도전'으로 검색합니다.)
- 대표 가치 3개를 선정할 때는 자신의 꿈을 이루는 데 꼭 필요한 가치가 무엇인지 생각해보도록 합니다.

응용하고 확장하기 '꿈in꿈 선언문' 게시하기

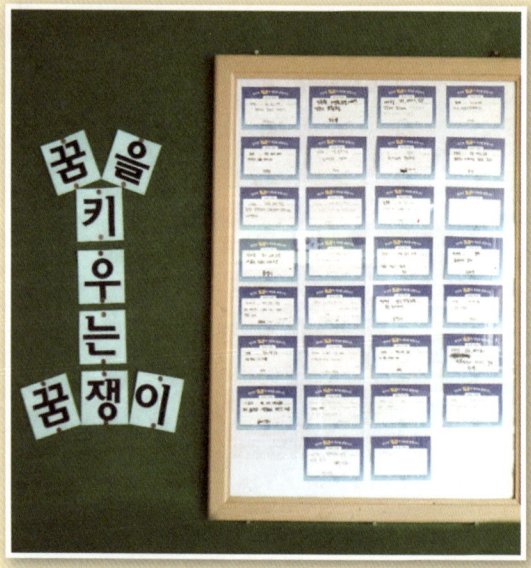

학생들이 만든 '꿈in꿈 선언문'을 교실 공간에 게시하여 학생들이 자주 볼 수 있도록 합니다.

- 학생들의 '꿈in꿈 선언문'을 타이핑해서 책상에 붙여주면 좋습니다.
- 학생들이 매일 아침마다 자신의 '꿈in꿈 선언문'을 암송할 수 있도록 합니다.
- 교사도 학생들과 함께 자신의 '꿈in꿈'을 만들어 보여줍니다.
  - 예 "나는 존중, 열정, 도전의 덕목을 갖고 아이들의 꿈, 긍정, 성장, 행복을 이끌어줄 영어교사 윤점순입니다."
- 졸업식이나 종업식 날 학생들이 만든 '꿈in꿈 선언문'을 읽어주거나 선물로 줍니다.

응용하고 확장하기 꿈in꿈 비전카드 만들기

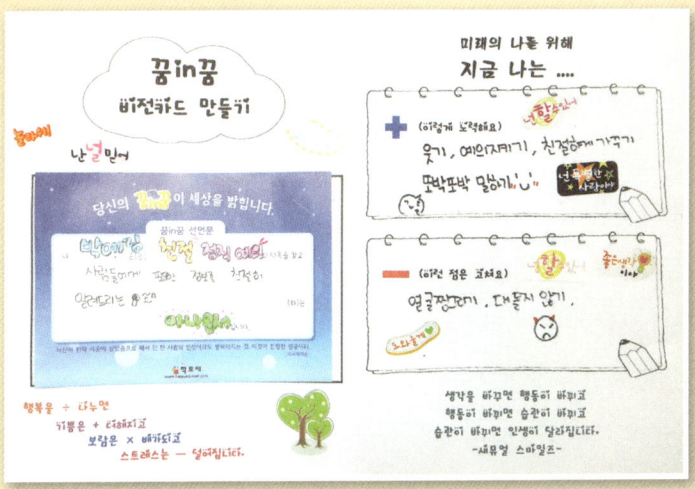

활동을 확장해서 '꿈in꿈 비전카드 만들기'를 해봅니다. 우선 '꿈in꿈 선언문'을 만듭니다. 그다음 미래의 나를 위해 지금부터 노력해야 할 점과 고쳐야 할 점들을 생각해서 적습니다. 다짐의 글을 쓰는 시간도 갖습니다.

윤쌤의  이야기 톡톡

> "우리 반은 매주 월요일 아침에 '꿈in꿈 선언문'을 암송합니다.
> 30개의 꿈들이 하나하나 피어오르는 그 순간의
> 울림이 참 좋습니다."

중학교 3학년 담임을 할 때 일입니다. 졸업식 날 아이들의 '꿈in꿈 선언문'을 읽어주면서 졸업장을 주었습니다. 그런데 어디선가 흐느끼는 소리가 들렸습니다. 부모님들이 아이들의 '꿈in꿈 선언문'을 듣고 눈물을 흘리고 있던 겁니다.

"선생님, 저는 아이가 아무 생각 없이 사는 줄 알았어요. 그런데 그 아이가 꿈이 있다는 것에 미안해서 눈물이 났습니다."

"꽃은 햇빛이 비추는 쪽으로 자라지만, 인간은 꿈을 꾸는 쪽으로 성장합니다."라는 말이 있습니다. 저는 10년 넘게 아이들과 '꿈in꿈 선언문' 활동을 하면서 이 말을 실감하고 있습니다. 매년 3월 첫날, 첫 시간에 우리 반은 '꿈in꿈 선언문'을 작성합니다. 저도 저의 '꿈in꿈 선언문'을 씁니다. 아이들과 생활하다 보면 처음 가졌던 마음이 흔들릴 때가 많은데요. 그럴 때마다 저는 제 '꿈in꿈 선언문'을 읽으면서 마음을 다잡곤 합니다.

우리 반은 매주 월요일 아침에 '꿈in꿈 선언문'을 암송합니다. 잔잔하고 묵직한 30명의 꿈들이 하나하나 피어오르는 그 순간의 울림이 참 좋습니다. 교사로서 아이들의 꿈을 응원하되, 그 꿈이 단순히 직업이 아닌 가치를 담은 꿈이 될 수 있도록 조용히 지지하는 순간이기도 합니다.

memo

II부

씨앗 뿌리기

4장

학급 공동체 세우기

학급이라는 배를 1년 동안 잘 저어가기 위해서는 교사만의 철학이 있어야 합니다. 그 배 안에는 다양한 색깔을 가진 아이들이 있기 때문입니다.

08 학급 가치 선언문 만들기

- 활동 대상 초등 이상
- 소요 시간 30분 내외
- 가치 덕목 협동, 존중, 지혜
- 핵심 역량 의사소통 역량, 공동체 역량

'학급 가치 선언문'은 3장에서 소개한 '자아선언문 선포하기'를 학급 단위로 확대한 활동입니다. 공자는 "그림을 그리는 일은 흰 종이를 마련한 뒤에 가능하다. 사람은 먼저 기본적인 인성이 갖추어져야 다른 일도 능히 할 수 있는 것이다."라고 말했습니다. 인성이 '희망'임을 강조한 말 아닐까요?

이 활동은 자기 자신을 넘어 학급의 핵심 가치를 같이 찾아보고 이를 내면화하는 것을 목표로 합니다. 또한 학급 공동체의 일원으로서 각자의 실천 의지를 키우는 데 도움을 줍니다.

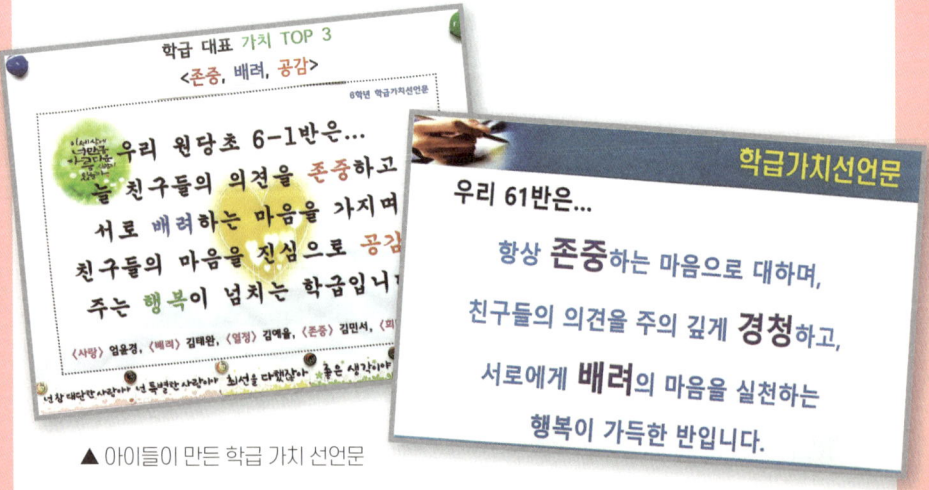

▲ 아이들이 만든 학급 가치 선언문

 활동 방법

> **준비물** 씨앗모아 카드(가치 목록표), 가치 보팅판, 보팅용 스티커

① 칠판에 가치 보팅판을 만들어 붙입니다.

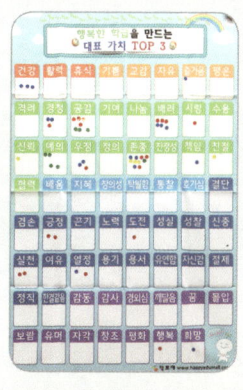

② 개인별로 우리 학급에 필요한 가치를 3가지씩 골라 빈 칸에 스티커를 붙입니다.

③ 스티커를 다 붙인 후, 스티커 개수를 확인하여 우리 학급의 대표 가치 TOP 3(존중, 배려, 공감 등)를 정합니다.

④ 모둠별(개인별)로 최종 선정된 3개의 대표 가치를 넣어 학급 가치 선언문을 작성하고 발표합니다.

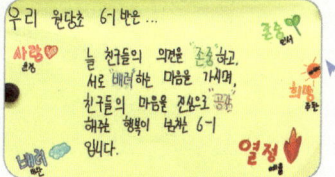

⑤ 모둠별(개인별) 학급 가치 선언문 중에 우리 반의 대표 가치 선언문을 투표로 정합니다. 선정된 학급 가치 선언문은 교실에 게시합니다.

- 카드에 있는 가치 중에서 뜻이 어려운 단어는 학생들에게 미리 설명합니다. 발달 단계에 맞게 적절한 가치들을 선별하여 학생들에게 안내합니다.
- 학급에 필요한 핵심 가치 3개를 투표할 때는 학급 구성원 모두의 행복을 위해 꼭 있어야 할 가치가 무엇인지 생각해보도록 합니다.
- 학년 또는 학생의 발달 정도에 따라 가치의 개수를 다르게 선정합니다.
- 학생 수가 적은 학급은 개인별로 학급 가치 3개를 골라 가치 선언문을 만듭니다. 그런 다음 투표로 대표 학급 가치 선언문을 정합니다.
- 행복한 가족 공동체를 위한 가족 가치 선언문, 행복한 교우관계를 위한 우정 가치 선언문 등으로 다양하게 응용할 수 있습니다.

응용하고 확장하기 — 행복한 가족 공동체를 위한 가족 가치 선언문

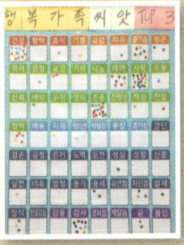

행복한 가족 공동체를 위해 꼭 필요한 가치 3개를 골라 투표합니다. 선택을 가장 많이 받은 가치 씨앗 3개를 선정합니다.

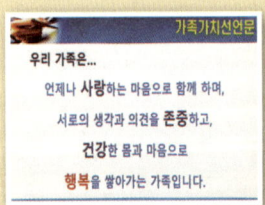

칠판에 게시된 가치 문장들을 살펴보고, 학급 대표 가치 3개를 넣어 '가족 가치 선언문'을 문장으로 만듭니다.

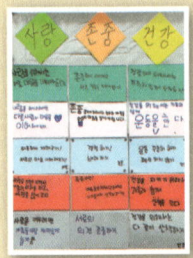

선정된 3개의 가치를 키워나갈 수 있는 방법을 모둠별로 토의하여 적어보게 합니다. 모둠별로 적은 내용을 발표하고 칠판에 게시합니다.

"학급 가치 선언문 활동은 학급 공동체 모두가 참여함으로써 학생들 각자가 '같이'의 가치를 생각해보도록 해줍니다."

저는 '학급 가치 선언문' 만들기가 공동체의 의미를 알아가는 활동이라고 생각합니다. 학급 공동체 안에 있는 친구들이 함께 행복하기 위해 어떤 가치가 필요한지, 그 가치들을 키우기 위해서 어떻게 해야 하는지 성찰해볼 수 있는 시간으로 만들 수 있습니다.

학생들은 가치 선언문을 선포하면서 활동을 넘어 생활 속에서 적극적으로 실천하려고 노력합니다. '학급 가치 선언문' 활동은 학급 공동체 모두가 함께 참여함으로써 학생들 각자가 '같이'의 가치를 생각해보는 보다 의미 있는 경험입니다.

09 가치꽃밭(가치트리) 만들기

- **활동 대상** 초등 이상
- **소요 시간** 40분 내외
- **가치 덕목** 성찰, 배움, 지혜
- **핵심 역량** 창의적 사고 역량, 심미적 감성 역량

학생들은 인성교육 활동을 하면서 다양한 '가치'들을 접합니다. 그 가치들의 사전적 의미를 이해하는 것도 중요하지만, 자신의 생각을 그 가치에 녹여 나만의 의미를 담은 가치를 만들어 보는 활동도 의미가 있습니다.

'가치꽃밭(가치트리) 만들기' 활동은 학생들이 가치에 대해 자기만의 정의를 내려보고, 자신이 선택한 가치의 의미를 친구들과 공유하는 시간입니다. 인성 친화적 학급으로 성장하는 의미 있는 경험이 될 것입니다.

▲ 아이들이 만든 가치꽃밭

활동 방법

> **준비물** 가치 목록표(씨앗모아 카드), 색지, 도화지, 가위, 사인펜(네임펜) 등 필기도구

① 씨앗모아 카드를 학생들에게 1장씩 나누어 줍니다. 또는 씨앗모아 카드를 크게 출력하여 칠판에 게시하거나 텔레비전 화면으로 보여줍니다.

② 8절 도화지에 꽃잎 도안을 그리고 모양대로 오립니다.

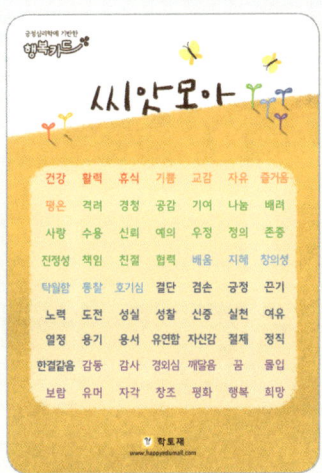

③ 자신이 선택한 가치의 의미를 생각해보고, 꽃잎 도화지의 가운데 부분에 자신이 생각한 가치의 뜻을 적습니다.

④ 학생들의 가치꽃을 모두 모아 교실 한쪽 면을 가치꽃밭으로 꾸밉니다.

- 교사가 꽃잎과 트리 장식용 도안을 만들어서 주고, 학생들이 그대로 오려서 활용할 수 있도록 해도 좋습니다.
- 씨앗모아 카드는 학생들의 발달 단계에 따라 교사가 적절히 선택해서 제시합니다.
- 자신이 선택한 가치의 사전적 의미를 살펴본 후에 나만의 가치사전을 만들도록 합니다.
- 가치사전을 완성한 후에는 채색 도구로 적절히 꾸밀 수 있도록 합니다.
- 모둠별(또는 학급 전체)로 자신이 정한 가치가 무엇이고, 그 가치에 담긴 의미는 무엇인지 발표해봅니다.
- 교사와 학생들이 함께 교실이나 복도 벽에 가치꽃잎과 가치트리 장식을 꾸며봅니다.
- '가치꽃밭 만들기'는 봄꽃이 만발하는 4~5월경, '가치트리 만들기'는 12월경에 하면 더 효과적입니다.

◀ 아이들이 만든 가치트리

백쌤의  이야기 톡톡

"마음에 아로새긴 자기만의 가치사전이
아이들의 삶 곳곳에서 '나'를 넘어 '우리'를 생각하는
방향으로 성숙하기를 기대해봅니다."

'가치꽃밭 만들기' 활동에 적극적으로 참여하던 아이들의 얼굴이 하나하나 떠오릅니다. '사랑, 존중, 배려 등의 가치를 어떻게 정의 내릴까'라는 생각에 곰곰이 빠져 있던 아이들의 신중한 모습들이요. 이 활동은 자신과 친구들이 정의 내린 가치들을 함께 살펴보면서 다양한 가치들의 의미를 폭 넓게 생각해보는 데 의의가 있습니다.

교사 입장에서는 아이들이 고민하여 만든 그들만의 가치사전을 보면서 인성교육의 필요성과 중요함을 새삼 느끼게 됩니다. 마음에 아로새긴 자기만의 가치사전이 아이들의 삶 곳곳에서 '나'를 넘어 '우리'를 생각하는 방향으로 성숙하기를 기대해봅니다.

10 학급 가치 TOP 5 보팅하기

- 활동 대상 초등 이상
- 소요 시간 10분 내외
- 가치 덕목 참여, 관심
- 핵심 역량 공동체 역량, 의사소통 역량

한비야는 『중국견문록』에서 이렇게 말했습니다. "새로 시작하는 길, 이 길로 나는 거친 약도와 나침반만 가지고 떠난다. 중요한 것은 나의 목적지가 어디인지 늘 잊지 않는 마음이다." 새로운 길을 나설 때 약도와 나침반이 중요하듯, 새로운 학급이 일 년 동안 함께 걸어갈 수 있는 가치와 방향이 들어 있는 지도 역시 중요합니다. 이 지도에는 교사와 학생들이 방향을 잃지 않고 함께 걸어갈 수 있는 목적지가 표시되어 있어야 합니다.

'학급 가치 Top 5 보팅하기'는 학급 아이들과 함께 공동체의 가치 방향을 정하는 활동입니다. 모두가 참여해서 학급 가치를 정하는 데 의미가 있습니다.

▲ 아이들이 신중하게 뽑은 학급 가치

활동 방법

> **준비물**   학급 가치 TOP 5 보팅판, 스티커

① PPT를 만들어서 올해 우리 반이 가꿀 가치 보팅을 발표합니다.

② 교사가 우리 반 TOP 5 가치 보팅판을 교실 게시판에 붙입니다.

③ 학생들에게 1인당 5개의 스티커를 나누어줍니다.

④ 학생들은 쉬는 시간에 자신이 생각하는 가치 5개를 선택하여 보팅판에 스티커를 붙입니다.

⑤ 교사는 종례 시간에 학생들이 선택한 결과를 발표합니다.

⑥ 교사는 선정된 5개의 가치를 크게 타이핑해서 보팅판 옆에 붙입니다.
   예) 우정, 존중, 평화, 협동, 행복 등

활용 TIP

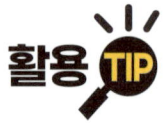

- 활동 전날 가치 보팅판을 미리 준비해서 게시판에 붙여놓습니다.
- 학생들에게 나누어줄 스티커를 잘라서 준비합니다.
- 당일 조회 시간을 이용해 가치 보팅에 대해 간단히 설명합니다.
- 학생들이 쉬는 시간에 보팅을 하도록 안내합니다.

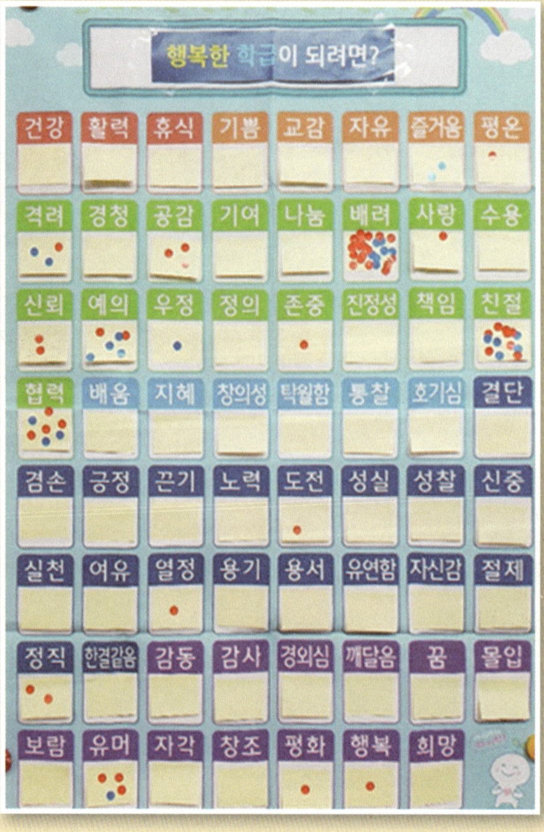

윤쌤의  이야기 톡톡

> "5개의 학급 가치를 교실 앞뒤에 크게 붙여놓고
> 아이들 마음에 새기도록 합니다. 아이들 마음속에
> 5개의 씨앗이 자라나 있기를 바라는 마음으로요."

저는 매년 2월 말이 되면 'TOP 5 가치 보팅판'을 교실 게시판에 붙입니다. 그리고 3월 첫날, 아이들에게 학급 가치에 대해 설명을 해줍니다. 새 학기 첫날, 아이들의 눈동자는 유난히 긴장과 호기심으로 초롱초롱합니다. 저는 아이들이 가장 잘 집중한 순간에 이렇게 말합니다.

"'빨리 가려면 혼자 가고, 멀리 오래오래 가려면 함께 간다.'라는 말이 있어요. 우리는 1년이라는 긴 시간 동안 같은 반으로 함께 지내야 해요. 그러니 혼자가 아닌 친구들과 함께 1년 동안 가꿀 학급의 가치를 우리 힘으로 정해볼까요?"

아이들은 안 그런 것처럼 보여도 자신들이 주도적으로 참여하는 활동을 좋아합니다. 그래서 구경꾼이 아닌 주인공으로, 주체적으로 참여하도록 이끌어주는 것이 중요합니다.

5개의 학급 가치를 교실 앞뒤에 크게 붙여놓고 아이들 마음에 새기도록 합니다. 담임인 저도 아이들이 그 가치를 잘 실천할 수 있도록 돕겠다고 다짐합니다. 1년 뒤에 아이들 마음속에 5개의 씨앗이 자라나 있기를 바라는 마음으로요.

11. 학급 가치로 학급회 조직하기

- 활동 대상 중등 이상
- 소요 시간 40분 내외
- 가치 덕목 참여, 관심
- 핵심 역량 공동체 역량

알버트 아인슈타인은 "인생은 자전거를 타는 것과 같다. 균형을 잡으려면 움직여야 한다."라고 말했습니다. 학급 아이들이 함께 5개의 가치를 가꾸는 과정은 자전거 페달을 지속적으로 밟는 일과 비슷하지 않을까요? 학생들 스스로가 학급이라는 자전거 페달을 밟는 것이 중요합니다. 교사는 어떤 방법으로 자극을 주는 것이 좋을까요?

'학급 가치로 학급회 조직하기'는 학생들이 좀 더 주체적이고 진지하게 참여하고 책임질 수 있도록 돕는 활동입니다.

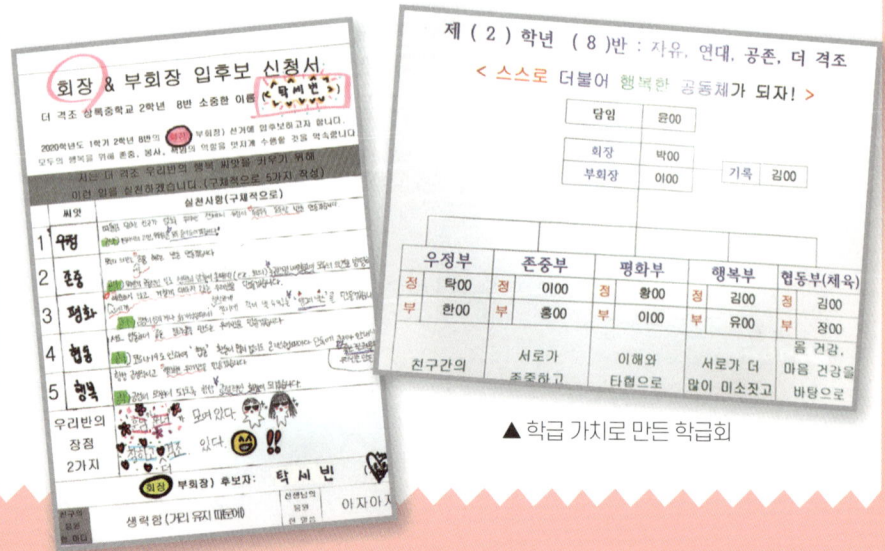

▲ 학급 가치로 만든 학급회

📝 활동 방법

> 💬 **준비물**   회장·부회장 입후보 신청서, 투표 용지, 학급자치회 조직표

① 교사는 학급 회장, 부회장의 입후보 신청서 양식을 준비합니다.

② 회장, 부회장 후보 학생들은 신청서에 학급 가치 5개를 쓴 후 어떻게 실천할 것인지 구체적으로 작성합니다.

③ 교사는 신청서를 받아서 일주일 동안 게시합니다.

④ 임시 회장과 부회장이 선거관리위원이 되어 학급 선거를 진행합니다. 단, 임시 회장과 부회장이 출마를 했다면, 학급의 1번과 2번 학생이 그 역할을 대신합니다.

⑤ 후보자들은 '학급 가치 5개'를 어떻게 가꾸어 갈 것인지 연설합니다.

⑥ 개표가 끝나고 학급 회장, 부회장이 선출되면 이어서 각부 부장을 뽑습니다.

⑦ 각 부서의 이름은 5개의 학급 가치를 이용하여 정합니다.
   예 우정부, 존중부, 평화부, 행복부, 협동부 등

⑧ 선출된 부장은 부원들과 함께 의논해서 자신의 부서가 실천할 사항을 1개씩 발표합니다.

⑨ 교사는 학급회 조직표와 실천사항을 'TOP 5 가치 보팅판' 옆에 붙입니다.

- 5개의 학급 가치를 실천할 구체적인 약속이나 다짐을 가치당 1개씩 정합니다.
- A4 1장에 1개의 가치와 실천사항을 타이핑해서 붙입니다.
- 학생들이 항상 볼 수 있는 곳에 좋은 가치와 구체적인 실천 방법을 배치합니다.

윤쌤의  이야기 톡톡

"선생님, 큰일 났어요! 그런데 평화부장인 제가 먼저
문제를 해결해볼 테니, 샘은 기다려주세요."

저는 학급회를 조직할 때 좀 더 진지하고 의미 있게 해보고 싶었습니다. 우선 학급 아이들 전체가 참여하고 소통하는 학급문화가 필요합니다. 그러기 위해서는 진부한 결심보다 작은 행동이라도 실천할 수 있는 구체적인 방법이 중요한데요. 가령, 회장이나 부회장 후보들이 학급 가치를 어떻게 실천할 것인지 발표할 때 그들의 고민이 엿보이고, 소통하는 학급의 미래가 그려집니다.

그동안 사용했던 총무부나 학습부 같은 학급회 용어는 왠지 딱딱하고 아이들의 모습도 전혀 드러나지 않습니다. 아이들이 정한 가치를 바탕으로 부서 이름을 정하고 그것을 실천하기 위한 방법을 함께 토론하는 것이 공동체의 가치를 실천해나가는 첫 걸음입니다.

어느 날 평화부장인 아이가 "선생님, 큰일 났어요! 그런데 평화부장인 제가 먼저 문제를 해결해볼 테니, 샘은 기다려주세요."라고 당당하게 말했습니다. "오케이, 좋았어! 그럼 평화부장인 네가 갈등의 원인을 찾아 해결해보렴. 힘들면 언제든지 샘에게 SOS를 하고."

아이들은 주체적으로 움직일 때 얼굴이 달라집니다. 스스로 해야 할 일을 찾을 때 솟는 에너지의 힘을 저는 오늘도 믿어봅니다.

12. 나눔터로 소통하기

- 활동 대상 중등 이상
- 소요 시간 5분 내외
- 가치 덕목 관심, 칭찬, 격려
- 핵심 역량 공동체 역량

오연호 작가는 『우리도 사랑할 수 있을까』에서 행복한 덴마크 사회의 키워드인 '자유, 평등, 안정, 신뢰, 이웃, 환경'을 소개했습니다. 그는 서로의 경험을 배우고, 옆을 돌아보며, 크고 작은 꿈틀거림이 살아 있을 때 한 걸음 더 행복한 사회로 나아갈 수 있다고 했습니다. 교실에서도 작은 나눔과 소통 문화를 키워가는 것이 가장 중요합니다.

'나눔터로 소통하기'는 매일 같은 공간에서 함께 생활하는 친구들에게 관심을 갖고 그들을 칭찬하고 격려해주는 활동입니다. 나눔터로 학급의 공동체 가치를 실현해볼까요?

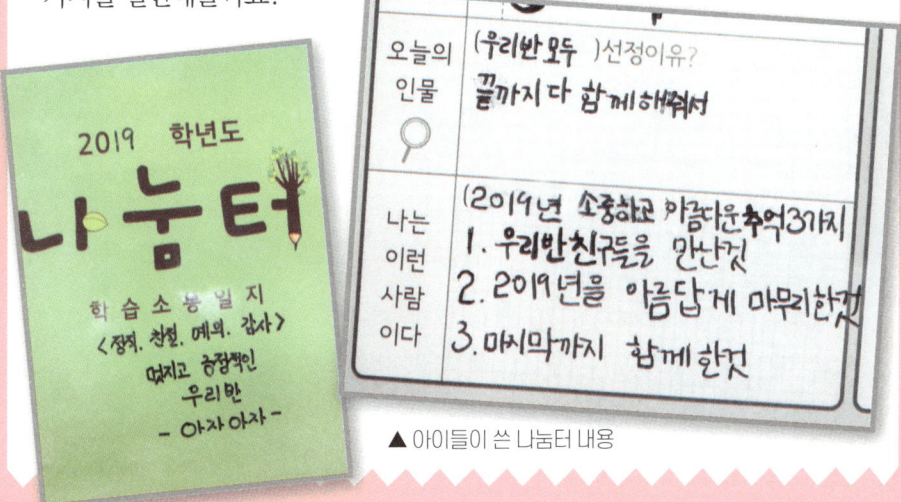

▲ 아이들이 쓴 나눔터 내용

활동 방법

> **준비물** 나눔터(학급 소통 일지)

① 교사는 학생들에게 3월 첫날 조회 시간에 나눔터를 보여줍니다.

② 학생들에게 나눔터의 목적이 서로를 향한 관심, 칭찬, 격려라는 점을 알려줍니다.

③ 교사는 나눔터를 펼쳐서 내용과 기록 방법을 설명해줍니다.
   *나눔터 내용: 도우미 이름, 날짜, 담임 선생님의 조회와 종례 내용, 교과 선생님 말씀, 오늘의 인물, 나는 이런 사람이다 등

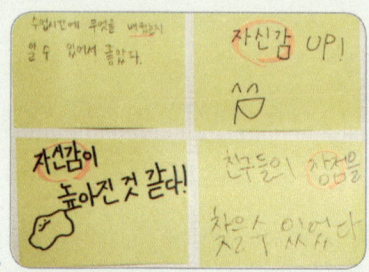

④ 학생 1명씩 매일 번호 순으로 쓰고 종례 시간에 발표를 합니다.

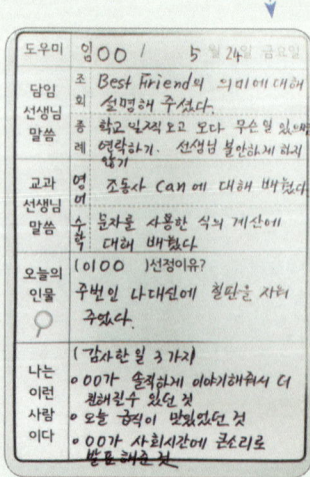

⑤ 나눔터를 기록하는 도우미는 자신의 이름과 날짜를 쓰고, '조·종례 사항' 중 자신이 중요하다고 생각하는 것을 씁니다. '교과 선생님 말씀'은 본인이 좋아하거나 중요하다고 생각하는 교과목 수업 내용을 간단히 요약해서 쓰고, '오늘의 인물'에는 칭찬하고 싶은 친구의 이름과 이유, '나는 이런 사람이다'에는 자기 소개글을 간단히 씁니다.

⑥ 나눔터를 기록한 도우미가 종례 시간에 발표를 하면, 나머지 친구들은 칭찬과 격려의 박수를 보냅니다.

- 나눔터 작성은 매일매일 꾸준히 진행하는 것이 효과적입니다.
- 종례 시간에 작성한 나눔터를 발표할 수 있는 시간을 주면 더 좋습니다.
- '나는 이런 사람이다'에는 나눔터를 작성하는 학생이 자신을 소개하는 글을 씁니다. 1년 동안 나눔터를 꾸준히 쓰면 한 학생에게 3~4번의 기회가 돌아갑니다.
- 교사는 다양한 방식으로 학생들이 자신의 생각을 표현할 수 있도록 도와줍니다.
  예 자기 이름으로 3행시 쓰기, 감사한 일 3가지 쓰기, 존경하는 인물과 이유 쓰기, 자신의 이상형 쓰기, 한 해의 추억 3가지 쓰기, 다음 학년이 되면 꼭 해보고 싶은 3가지 쓰기 등
- 학기 말에 '오늘의 인물'에 가장 많이 기록된 학생에게 작은 선물을 주어도 좋습니다.
- 교사가 나눔터에 댓글을 써주면 아이들이 더 좋아합니다.
- 나눔터는 학급의 작은 역사이니, 학급 활동과 관련된 사진들을 나눔터 여백에 붙여줍니다.

윤쌤의  이야기 톡톡

> "'나눔터 덕분에 중학생이 되어 처음으로 교탁에 나가서 발표를 했습니다.' 저는 이 말을 들은 후 10년 동안 나눔터 활동을 하고 있습니다."

나눔터를 알게 된 지 2년째 되는 해였습니다. 당시 중학교 3학년 졸업식을 앞두고 있었는데요. 그날도 어김없이 종례 시간에 한 아이가 나눔터를 발표했습니다. '나는 이런 사람이다'에 1년 동안 가장 기억에 남는 에피소드를 3가지 쓰는 것이었는데, 아이가 이렇게 말했습니다.

"나눔터 덕분에 중학생이 되어 처음으로 교탁에 나가서 발표를 했습니다."

그 아이는 늘 말이 없고 혼자서 시간을 많이 보냈습니다. 학습력이 부족하여 수업 시간에 손을 들어 발표하는 일도 거의 없었고요. 그런데 나눔터를 통해 앞에 나가 발표하고 친구들에게 박수를 받은 거예요.

저는 그 일이 있은 후, '내가 하는 종례'라는 이름으로 10년 넘게 나눔터 활동을 하고 있습니다. 사람들 앞에서 당당하게 발표하고 박수를 받는 주인공 경험을 모든 아이들에게 선물하고 싶기 때문입니다. 이것이 오연호 작가가 말하는 교실 속의 작은 신뢰와 격려를 통한 행복한 공동체 아닐까요?

13 학급 가치 구호 암송하기

- 활동 대상 중등 이상
- 소요 시간 3분 내외
- 가치 덕목 실천, 즐거움
- 핵심 역량 공동체 역량

리처드 탈러는 넛지 이론(Nudge theory)이란 "아주 작은 요소를 넌지시, 슬쩍 설계함으로써 선택의 방향에 영향을 끼치는 것이다."라고 말했습니다. 강요하지 않고 은근슬쩍 개입하여 아이들이 개인의 자유, 공동체의 가치를 마음에 새기도록 하는 것! 우리 교사들의 작고도 간절한 희망 아닐까요?

'학급 가치 구호 암송하기' 활동은 조회와 종례 시간에 하는 작은 의식입니다. 하나의 집단에 함께하는 공동 의식이 있으면 그 조직은 함께 멀리 갈 수 있습니다. 자, 지금부터 한 공간에서 함께 생활하면서 개인과 공동체의 가치를 마음에 새기는 활동을 시작해볼까요?

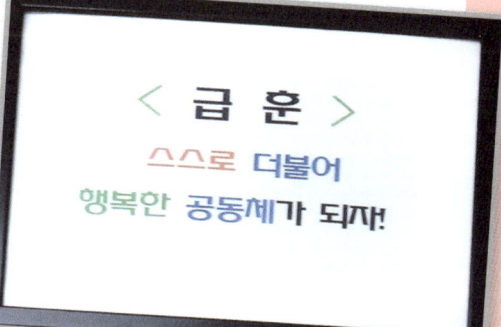

▲ 아이들과 함께하는 멋진 급훈

활동 방법

준비물 실천할 학급 가치, 급훈

① 교사는 급훈과 학급 가치를 교실 게시판에 붙입니다.

② 조회 시간에 학급 가치를 담임이 선창하면 학생들이 후창을 합니다.
   예) 담임이 "자신에겐" 학생들은 "자유", 담임이 "우리에겐" 학생들은 "연대", 담임이 "자연에겐" 학생들은 "공존", 다 함께 "우리 반은 더 격조"

③ 종례를 마치기 전에 학급 회장이 급훈을 선창하고 친구들이 후창을 합니다.
   예) 스스로 더불어 행복한 공동체가 되자!

④ 학급의 실천 가치로 아침을 열고, 급훈으로 하루를 마무리합니다.

활용 TIP

- 급훈과 학급 가치를 멋지게 타이핑해서 교실 앞쪽에 붙입니다.
- 급훈과 학급 가치를 학생들이 항상 볼 수 있는 곳에 배치합니다.
- 학급의 가치 방향을 담은 급훈이면 더 좋습니다.
  예) 감사하는 마음으로 더불어 행복하자, 꿈과 배움이 있어 더 행복합니다

"글자를 마음 깊이 새기고 실천해준 아이들이 있기에
저는 이 활동을 지금도 하고 있습니다."

몇 년 전 일입니다. 당시 우리 반에서는 매일 아침 '정직'이라는 가치를 함께 나누고 있었습니다. 그런데 어느 날, 한 아이가 저에게 장문의 카톡을 보내왔습니다.

"주짓수 끝나고 집에 가는데, 술에 취해서 몸을 못 가누는 분이 계신 거예요. 돈이랑 핸드폰, 지갑을 다 떨어뜨리고요. 그냥 모르고 가져서 그 돈을 제가 가질까 생각했는데 '자신에겐 정직'이 생각나서 주워서 드렸습니다. 오늘 제 행동에 너무 만족해요."

함께 실천해보자는 마음으로 매일 아침에 암송한 정직, 연대, 공존, 격조라는 글자를 마음 깊이 새기고 실천해준 아이들이 있기에 저는 이 활동을 지금도 하고 있습니다.

학급이라는 배를 1년 동안 잘 저어가기 위해서는 교사만의 철학이 있어야 합니다. 그 배 안에는 다양한 색깔을 가진 아이들이 있습니다. 그들은 각자의 '개성과 자유'를 존중받아야 합니다. 학급 안에서는 '협력과 연대'도 중요합니다. 이 둘을 모두 아이들 마음속에 새겨주고 싶어, 오늘 아침에도 "자신에겐 정직, 우리에겐 연대, 자연에겐 공존, 우리 반은 더 격조"를 즐겁게 외칩니다!

Ⅲ부

씨앗 가꾸기

5장

학급 갈등을 예방하는 인정하는 말

교사는 학생들의 마음과 도덕성에 늘 관심을 기울여야 합니다. 여기에서 그치지 말고 이를 학급의 다양한 교육 활동에 접목시켜 인성 친화적 방향으로 나아가야 합니다.

14 사진으로 '친구' 정의 내리기

- **활동 대상** 초등 이상
- **소요 시간** 10분 내외
- **가치 덕목** 몰입, 성찰, 창의
- **핵심 역량** 창의적 사고 역량, 의사소통 역량

　인성 친화적 학급을 만들기 위해서는 '학급'이라는 공간에서 가장 많은 시간을 함께하는 '친구'와 관계를 잘 맺어야 합니다. 친구에 대한 자신의 생각을 잘 표현하기만 해도 소통이 시작된 것이나 마찬가지입니다. 72년간 하버드생 268명의 인생을 추적 연구하는 '그랜트 연구'에 참여한 조지 베일런트는 "행복의 최우선 조건은 인간관계이며, 긍정적 소통으로 맺어진 인간관계야말로 삶을 행복으로 이끄는 가장 중요한 요소이다."라고 강조했습니다.

　'사진으로 친구 정의 내리기'를 통해 '친구'라는 존재를 다양한 이미지와 연결하여 생각해보고, 이를 문장으로 만들어 발표함으로써 관계 맺기 연습을 시작해봅니다.

▲ 아이들이 생각하는 친구란?

 활동 방법

> **준비물** 사진 카드(이미지 프리즘 카드), 포스트잇, 필기도구 등

❶ 모둠별로 사진 카드를 펼쳐 놓습니다. 또는 학급의 학생 전체가 둘러앉고 가운데에 사진 카드를 펼쳐 놓습니다.

❷ 사진 카드를 잘 살펴보고, 자신이 생각하는 '친구'와 가장 잘 어울리는 사진을 고릅니다.

❸ '친구'에 대한 자신의 생각과 사진 속 장면을 연결시켜 포스트잇에 "친구란 ○○○이다. 왜냐하면 ○○○○○이기 때문이다."와 같은 형식으로 문장을 적습니다.

❹ 문장을 다 쓰고 난 뒤, 사진의 한쪽 면에 포스트잇을 붙입니다.

❺ 개인(모둠)별로 돌아가면서 발표를 합니다. 발표할 때는 자신이 선택한 사진을 친구들이 볼 수 있도록 합니다.

❻ 발표가 끝난 뒤에는 학생들의 결과물을 칠판에 붙여놓고, 학생들이 살펴볼 수 있도록 합니다.

활용 TIP

- 사진(이미지) 카드를 활용하여 과거와 현재의 내 모습 알아보기, 꿈 스토리텔링하기, 친구 칭찬하기 등의 활동도 할 수 있습니다.
- 이미지 카드는 시중에서 판매되고 있는 교구를 활용해도 좋고, 달력이나 잡지에 있는 사진을 오려서 사용해도 됩니다.
- 발표를 마친 뒤, 매직 보드나 자석 등을 이용해 학생들의 결과물을 칠판 또는 환경판에 전시합니다.

응용하고 확장하기

과거와 현재의 내 모습 알아보기
사진을 보면서 학기 초와 현재 모습을 생각해봅니다. 학기 초와 지금의 나를 가장 잘 표현해주는 사진을 고르고 글도 적습니다.

꿈 스토리텔링하기
사진 중에서 자신의 꿈이 연상되는 것을 고릅니다. 포스트잇에 사진의 내용과 자신의 꿈을 연결하여 글을 쓰고 사진에 붙입니다. 자신이 고른 사진을 친구들에게 보여주면서 발표합니다.

친구 칭찬하기
칭찬하고 싶은 친구를 생각해봅니다. 그 친구의 장점을 가장 잘 보여주는 사진을 고릅니다. 칭찬할 내용을 적은 후, 친구에게 사진을 보여주면서 칭찬합니다.

"아이들은 책상 위에 펼쳐져 있는 다양한 이미지들처럼
'친구'에 대한 생각도 다양할 수 있다는 것을 느낍니다."

하버드대 심리학 교수 셸리 카슨은 『우리는 어떻게 창의적이 되는가』에서 "창의적이고 혁신적인 아이디어를 찾아내는 가장 효과적인 방법은 겉으로 보기에는 별 관련이 없는 아이디어들과 사물들을 서로 연결시키는 습관을 기르는 것이다."라고 말했습니다.

학생들에게 처음 다양한 사진을 나누어주었을 때가 생각납니다. 아이들은 책상 위에 펼쳐져 있는 사진들을 바라보며 한껏 궁금한 얼굴이었습니다. 아리송한 얼굴도 잠시, 아이들은 금세 자신의 생각을 이미지에 연결시켜 멋진 결과물들을 만들어냈습니다.

학생들은 '친구'를 다양한 이미지에 연결시켜보는 활동을 통해, 우정과 관계에 대해 더 깊이 생각해보는 기회를 만날 수 있습니다.

15

느낌 카드로
내 친구 소개하기

- 활동 대상 초등 이상
- 소요 시간 15분 내외
- 가치 덕목 긍정, 교감, 진정성
- 핵심 역량 의사소통 역량, 심미적 감성 역량

우리는 같은 공간에 있으면서도 자신도 모르게 심리적 거리를 두고 살아갑니다. 이런 관계에서는 서로에게 긍정적인 영향을 주고받기가 어렵습니다.

학생들이 가장 많은 시간을 보내고 있는 '교실'이라는 공간은 어떨까요? 학생과 교사 사이, 학생과 학생 사이의 심리적 거리를 잘 생각해보아야 하는데요. 서로가 긍정적인 영향을 주고받으며 함께 성장해 나가기 위해서는 따뜻한 관계 맺기가 필요하며, 이는 인성 친화적 학급으로 가는 첫걸음이라고 할 수 있습니다.

'느낌 카드로 내 친구 소개하기'는 친구와의 따뜻한 관계 맺기를 위한 효과적인 방법이며, 활동시 교구를 적절하게 활용하면 친구에 대한 자신의 생각을 보다 창의적으로 표현할 수 있습니다.

▲ 느낌 카드로 소개하는 내 친구

 활동 방법

> **준비물** 사진 카드(이미지 프리즘 카드), 느낌 카드, 마인드업 팔찌, 포스트잇(색지), 사인펜(네임펜) 등 필기도구

❶ 모둠별로 사진 카드와 느낌 카드를 펼쳐 놓습니다.

❷ 소개할 친구를 정하고, 그 친구와 가장 잘 어울리는 사진 카드와 느낌 카드를 각각 1~2장씩 고릅니다. 학생 수가 많을 경우, 느낌 카드(느낌 목록표)를 텔레비전 화면이나 칠판에 게시하고 학생들이 골라서 적을 수 있도록 합니다.

❸ 포스트잇(색지)에 카드의 내용과 친구를 잘 연결하여 친구 소개 글을 씁니다.

❹ 자신이 고른 카드 내용과 관련 있는 부분을 색깔로 표시하고 발표를 합니다.

❺ 학생들의 활동 결과물을 칠판에 게시하고, 학생들이 볼 수 있도록 합니다.

- 다양한 느낌(사진) 카드를 살펴보면서 친구에게 가장 잘 어울리는 카드를 고르도록 합니다.
- 처음 느낌 카드와 사진 카드를 고를 때는 1개씩 골라서 적고, 그다음에 각자 자유롭게 여러 장의 카드를 선택해 친구를 소개합니다.
- '나'를 친구들에게 소개할 때 활용해도 좋습니다.

응용하고 확장하기 마인드업 팔찌로 자기소개하기

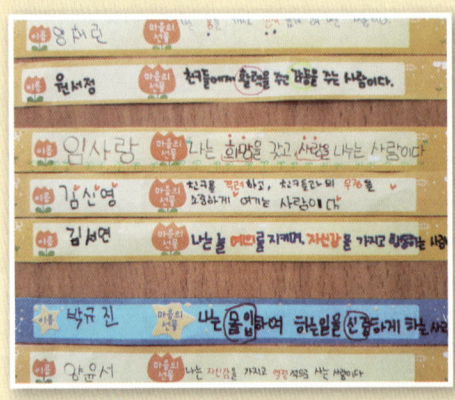

❶ 마인드업 팔찌 교구를 이용하거나 8절 도화지를 오려서 팔찌 모양을 만듭니다.
❷ 자신에게 필요한 가치 2~3개를 고르고, 이 가치들을 넣어서 자신을 표현하는 글을 씁니다.
❸ 문장을 완성한 뒤에는 돌아가면서 자신이 적은 것을 친구들에게 읽어줍니다.
❹ 자기소개 시간이 끝나면 짝꿍(모둠)별로 서로의 손목에 팔찌를 채워줍니다.
❺ 모두 마인드업 팔찌를 차고 각 모둠만의 의미 있는 모양을 만들어봅니다.

"자신을 이해하고, 친구의 좋은 점을 알아가며
'같이'의 가치를 함께 나누는 활동입니다."

　친구와 따뜻한 관계를 맺는 것은 인성 친화적 학급으로 가는 길에서 꼭 지나가야 할 중요한 이정표입니다. "사람은 기본적인 인성이 갖춰져 있어야 다른 일도 할 수 있다."라는 공자의 말처럼, '학급'이라는 공간에서 이루어지는 모든 교육활동의 기저에는 인성교육이 자리하고 있어야 합니다.
　따라서 자신을 이해하고, 친구의 좋은 점을 알아가며 '같이'의 가치를 함께 나누는 본 활동은 행복한 교육 공동체를 만들어가는 알찬 경험이 될 것입니다.

16 가치 이름으로 친구 칭찬하기

- **활동 대상** 초등 이상
- **소요 시간** 10분 내외
- **가치 덕목** 공감, 우정, 친절
- **핵심 역량** 심미적 감성 역량, 의사소통 역량

교실은 눈에 보이는 물리적인 공간이지만, 학생들의 마음 근육을 튼튼하게 할 수 있는 심리적인 공간이기도 합니다. 그곳에서 생활하는 학생들의 인성 씨앗을 바르게 틔워주기 위해서는 학생들의 긍정적인 마음가짐이 가장 중요하며 필수 조건이기도 합니다.

'가치 이름으로 친구 칭찬하기'는 이름 앞에 '가치 이름(호)'을 붙이고, 그것의 의미를 살려 친구를 칭찬하는 활동입니다. 이 활동은 학생들의 마음속에 있는 가치 씨앗들이 잘 자라서 튼실한 열매를 맺을 수 있도록 하는 데 도움이 됩니다.

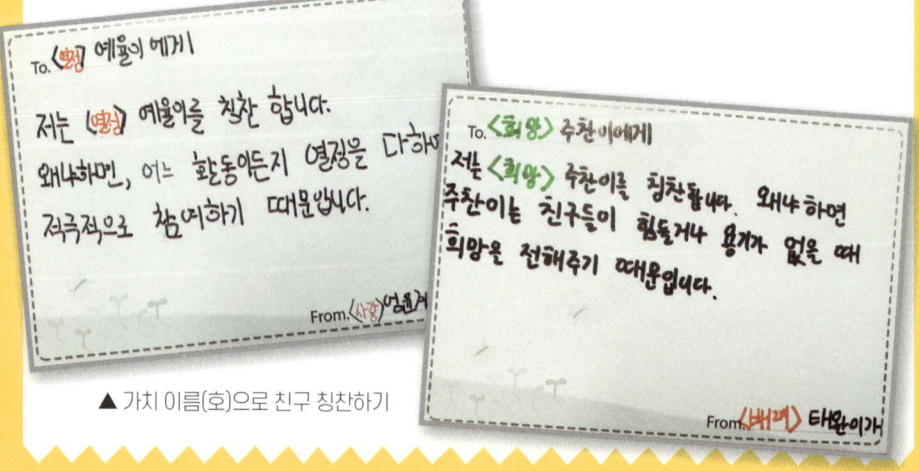

▲ 가치 이름(호)으로 친구 칭찬하기

 활동 방법

> **준비물** 가치 목록표(씨앗모아 카드), 엽서카드(씨앗모아 카드 뒷면),
> 학급 홈페이지 게시판 등

❶ 가치 목록표를 학생들에게 나눠줍니다.
(또는 화면으로 보여줍니다.)

❷ 학생들은 자신에게 어울리는 가치를 1개 골라 자신의 '가치 이름(호)'으로 사용합니다.
  예 공감 백○○, 존중 정○○, 긍정 최○○ 등

❸ 학생들이 자신의 '가치 이름(호)'을 교사에게 말하거나, 직접 칠판에 적습니다.

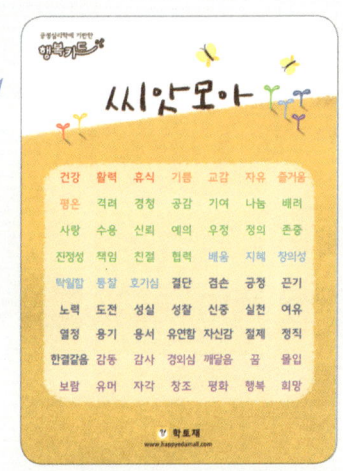

❹ 교사는 학생들의 '가치 이름(호)'을 표로 만들어서 공개합니다.

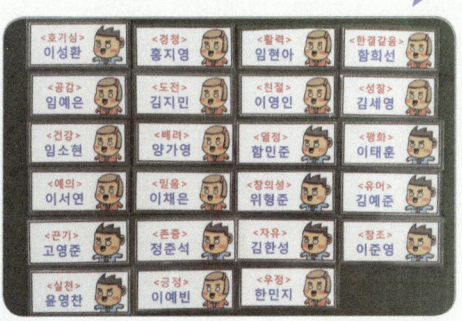

❺ 학생들은 각자 칭찬할 친구를 정하고, '가치 이름(호)'에 어울리는 칭찬 내용을 적습니다.

❻ 교사가 먼저 학생 1명을 칭찬합니다. 이때 칭찬은 해당 학생의 '가치 이름(호)'에 맞는 내용으로 칭찬합니다.

❼ 칭찬을 받은 학생이 ❻번과 같은 방법으로 친구를 칭찬합니다.

- '가치 이름(호)'을 정할 때는 자신에게 꼭 필요한 가치 또는 자신이 가장 중요하다고 생각하는 가치를 고르도록 합니다.
- 칭찬 릴레이로 할 경우 칭찬을 받지 못하는 학생이 생길 수 있으므로, 교사가 칭찬할 친구를 정하거나 짝끼리 칭찬하는 등 학급 상황에 맞게 운영합니다.
- 칭찬 시간을 가진 후, 활동 방법 ④번(115쪽)처럼 표를 만들어서 학생들의 사물함이나 책상에 붙여놓으면 좋습니다.
- 교과서 속 등장인물의 언행을 잘 살펴보고, 해당 인물에게 적절한 '가치 이름(호)'을 붙입니다. 가치의 의미를 넣어 칭찬하는 글을 쓴 후, 발표 시간을 갖습니다.

응용하고 확장하기 학급 홈페이지 및 단체 대화방 활용 사례

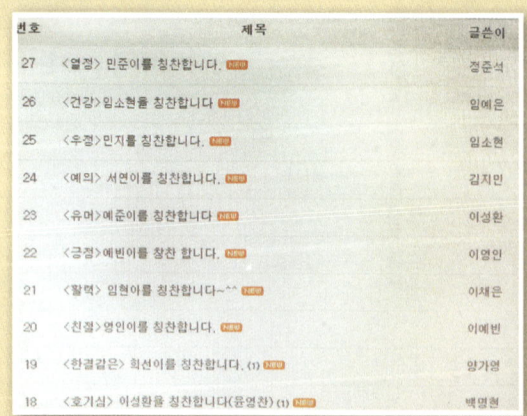
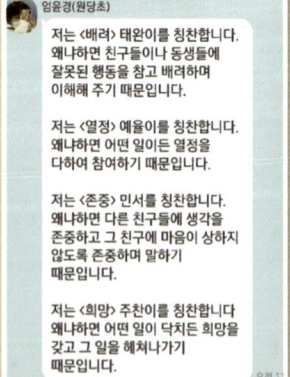

학생들이 '가치 이름(호)'으로 친구를 칭찬하는 활동은 학급 상황에 맞게 학급 홈페이지, 학급 밴드, 학급 단체 대화방 등 온라인 공간에서도 운영할 수 있습니다.

"우리가 빛을 발하는 순간은 각자가 지니고 있는
강점 가치를 실천할 때라는 것을 믿습니다."

 '인성 친화적 학급'을 만들기 위해서는 '가치'에 대한 다양한 교육 활동이 필요합니다. 그 과정을 통해 학생들이 다양한 '가치'에 대한 의미를 이해할 수 있고, 자신에게 필요한 가치가 무엇인지 생각해볼 수 있습니다. 이를 토대로 자신만의 가치 씨앗을 키워나가는 것이 중요합니다.
 학생들은 '가치 이름으로 친구 칭찬하기'를 하면서 친구의 강점 가치가 무엇인지 알고 이를 칭찬하는 시간을 가질 수 있습니다. 이러한 활동을 통해 우리가 빛을 발하는 순간은 각자가 지니고 있는 강점 가치를 실천할 때라는 것을 깨닫게 됩니다.

17

가치 풍경사진 찍기

- **활동 대상** 초등 이상
- **소요 시간** 60분 내외
- **가치 덕목** 공감, 협동, 친절
- **핵심 역량** 의사소통 역량, 심미적 감성 역량

인성교육진흥법에 의하면 인성교육이란 "자신의 내면을 바르고 건전하게 가꾸고 타인, 공동체, 자연과 더불어 살아가는 데 필요한 인간다운 성품과 역량을 기르는 교육."입니다.

학교 현장의 역할이 더욱 중요해지는 요즘입니다. 학생들이 친구들과 함께 공동체 생활을 하며 인간다운 성품과 역량을 키울 수 있는 최적의 공간이 바로 학교이고, 교실이기 때문입니다.

'가치 풍경사진 찍기'는 학생들이 더불어 함께 키우고 싶은 가치를 종이에 크게 적고, 교실 밖 자연을 배경으로 사진을 찍는 활동입니다. 재미와 의미를 동시에 잡을 수 있습니다.

▲ 자연을 배경으로 찍은 가치

 활동 방법

> **준비물** A4 종이(또는 8절 도화지), 가위, 교구용 칼, 가치 목록표(씨앗모아 카드), 휴대폰(가치 풍경사진 촬영용) 등

❶ 가치 목록표를 보면서 중요하다고 생각하는 가치 1개를 모둠별로 고릅니다. 가치 목록표를 화면으로 보여주어도 됩니다.

❷ A4(또는 8절 도화지)에 고른 가치를 크게 적습니다. 오릴 것을 생각해 글자의 폭을 두껍게 합니다.

❸ 글자 선을 따라 가위로 오립니다.

❹ 모둠별로 운동장으로 나가, 가치 글자의 오려낸 부분 안에 다양한 자연물(하늘, 땅, 꽃, 나무 등)이 잘 들어오도록 휴대폰으로 사진을 찍습니다.

❺ 찍은 사진은 교사의 SNS로 전송합니다.

❻ 교실로 들어와 찍은 사진을 함께 보며, 발표를 합니다.

활용 TIP

- 학생 수가 적은 학급에서는 개인별 또는 짝을 지어 활동합니다.
- 글자 수가 적은 단어가 활동하는 데 쉽습니다. 글자 수가 많거나 획이 복잡한 단어를 고른 경우에는 학급 구성원 전원이 협력할 수 있도록 하거나 교사가 도와줍니다.
- 손글씨 또는 컴퓨터 글씨 모두 가능합니다. 컴퓨터 글씨는 인쇄하여 오립니다.
- 교실 밖의 다양한 풍경을 배경삼아 여러 가지 구도로 사진을 찍도록 안내합니다.

응용하고 확장하기 찰칵! 글자를 마음에 새겨요

'가치 풍경사진 찍기' 활동을 한 다음에는 자신이 만든 가치 글자를 마음에 새긴다는 의미로 활동지를 가슴에 댑니다. 교사가 "시작!"이라고 말하면 학생들은 자신의 가치 글자를 크게 외치면서 사진을 찍습니다.

"친구들과 가치 덕목을 공유하고
다양한 풍경을 배경으로 사진을 찍으면서,
'같이'의 소중함을 경험해보는 활동입니다."

친구들과 소통을 잘하기 위해서는 친구에게 필요한 가치가 무엇인지, 또한 행복한 공동체를 만들기 위해 어떤 가치가 필요한지 잘 아는 것이 중요합니다. 이때 다양한 가치 덕목들을 설명하는 것만으로는 학생들에게 흥미나 호기심을 주기 어려우며, 가치에 대한 이해 역시 난해하게 다가갈 수 있습니다. 너무나 당연한 말이지만 '교육적 의미'는 '재미'라는 요소와 함께 할 때 그 효과가 배가될 수 있습니다.

실제로 학생들은 본 활동을 수행하면서 모둠원들과 함께 학교 구석구석의 꽃과 나무들, 하늘 색깔과 구름 모양 등 자연환경에 대해 끊임없이 이야기를 나누었습니다. 또한 그 풍경들을 가치 글자에 어떻게 담을 수 있을까 즐겁게 고민하고 의논했습니다.

'가치 풍경사진 찍기'는 친구들과 가치 덕목을 공유하며 학교 안의 모든 공간을 인성교육의 장으로 삼아 가치를 이해하고 '같이'의 소중함을 경험해보는 인성 친화적 활동입니다.

18

느낌 카드로 마음의 창 열기

- 활동 대상 초등 이상
- 소요 시간 20분 내외
- 가치 덕목 공감, 통찰, 정직
- 핵심 역량 의사소통 역량, 심미적 감성 역량

미국의 심리학자 조지프 루프트(Joseph Luft)와 해리 잉햄(Harry Ingham)에 의하면 사람에게는 누구나 '나도 모르는 나'가 있다고 합니다. 이 두 심리학자는 사람의 자아는 네 개의 창(窓)으로 구성되어 있으며, 이 창을 통해 자신과 상대를 이해할 때 비로소 소통이 시작된다고 했습니다. 그들은 자신들의 이름을 따서 '조하리의 창(Johari's window)'이라는 심리학 이론을 만들었습니다.

'느낌 카드로 마음의 창 열기'는 '조하리의 창' 이론을 인성교육과 접목시킨 활동입니다. 느낌 카드를 활용하여 조하리의 창(열린 창, 보이지 않는 창, 숨겨진 창, 미지의 창)을 확인하고, 자신과 친구의 감정을 서로 공유해봅니다.

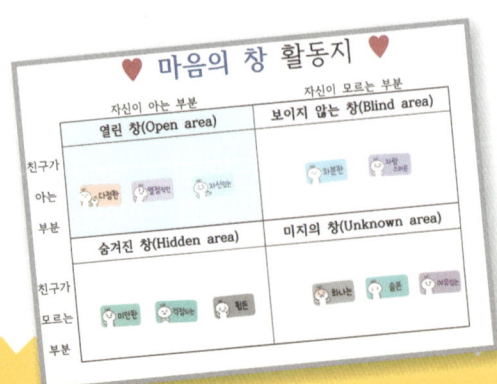

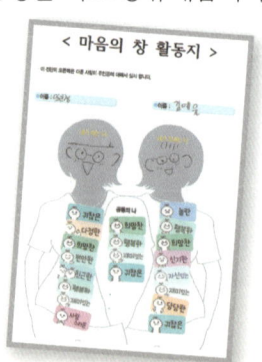

▲ 아이들이 작성한 '마음의 창'

*활동지 출처: 프레디저 사이트

활동 방법

> **준비물** 느낌 카드(또는 느낌 스티커), 마음의 창 활동지, 필기도구 등

1. 본 활동은 2인 1조로 활동합니다.

2. 교사는 학생의 발달 단계에 맞게 느낌 카드 (느낌 스티커)를 30장 정도 선별합니다.

3. 30장의 느낌 카드(느낌 스티커)를 두 학생 (A, B)에게 똑같이 줍니다.

4. 둘 중에 A학생이 먼저 자신을 잘 표현한다고 생각하는 카드를 8~12장 고릅니다. 이때 고르는 카드의 개수는 상황에 따라 교사가 정합니다.

5. 이번에는 B학생이 A학생을 잘 표현해준다고 생각하는 카드를 8~12장 고릅니다.

6. 두 학생은 각자 고른 카드를 서로 비교합니다. 겹치는 카드가 있으면 '열린 창'에 놓고, 자신은 골랐는데 친구는 선택하지 않은 카드는 '숨겨진 창', 친구는 골랐는데 자신은 선택하지 않은 카드는 '보이지 않는 창', 아무도 선택하지 않은 카드는 '미지의 창'에 놓습니다.

7. 마음의 창에 있는 느낌 카드를 살펴보며 해석하는 시간을 갖습니다. 친구 관계에서 나의 장점과 단점은 무엇인지 생각해봅니다. 단점을 극복할 수 있는 방법을 생각하고 성찰의 시간도 갖습니다.

8. 두 학생이 순서를 바꿔 똑같이 진행합니다.

- '마음의 창'은 다음과 같이 4가지로 구분됩니다.
  ❶ 나도 알고 친구도 아는 '열린 창' ❷ 나는 모르는데 친구는 아는 '보이지 않는 창'
  ❸ 나는 아는데 친구는 모르는 '숨겨진 창' ❹ 나도 모르고 친구도 모르는 '미지의 창'
- 느낌 카드를 분류하여 붙인 후, 성찰하는 시간에 다음과 같이 활동합니다.

  열린 창 '열린 창'의 카드들은 나와 친구가 모두 공감하는 느낌입니다. 편안한 느낌이면 더 적극적으로 친구와 소통할 수 있도록 노력하고, 혹시 불편한 느낌이면 그와 반대되는 행동을 자주 하여 '열린 창'을 넓힙니다.

  숨겨진 창 '숨겨진 창'을 줄이기 위해서는 어떻게 해야 할까요? 내가 친구에게 마음을 열고 따뜻한 말과 행동을 많이 하면, 내 마음의 '숨겨진 창(영역)'은 줄어들고 '열린 창'의 공간은 넓어집니다.

  보이지 않는 창 '보이지 않는 창'을 줄이기 위해서는 어떻게 해야 할까요? 친구는 알고 있는데, 나는 모르고 있는 부분을 생각해봅니다. '나에게 이런 특징이 있는데, 나는 모르고 있었구나.' 또는 '나는 이렇게 생각하지 않았는데, 친구는 나를 이렇게 느끼고 있었구나.'라고 생각하며 성찰의 시간을 가집니다.

  미지의 창 '미지의 창'에 있는 것들은 자신의 노력에 따라 '열린 창'으로 바꿀 수 있다고 믿고, '같이'의 가치를 떠올리며 공동체 생활을 하는 것이 중요합니다.

- '열린 창'을 강조한 활동이 122쪽 오른쪽 사진(활동지 출처: 프레디저 사이트)입니다. A학생은 '내가 아는 나'에 느낌 카드(약 8장)를 붙이고, B학생은 '내가 모르는 나'에 A학생을 잘 표현한 카드를 같은 개수만큼 붙입니다. 고른 카드를 서로 비교해보고, 겹치는 카드는 가운데 부분에 붙입니다.
- '마음의 창' 활동지를 간단하게 만들려면 A4 종이에 2개의 동그란 원을 겹치게 그립니다. 두 원이 겹치는 부분(교집합 부분)에는 '공통의 나', 왼쪽 원에는 '내가 아는 나', 오른쪽 원에는 '내가 모르는 나'를 적고 활동을 합니다.
- 교과서 속 등장인물이나 역사 속 위인들을 대상으로 진행해도 좋습니다.

"학생들이 다양한 감정을 인식하고 표현하는 것은
행복한 공동체를 만들어가는 소중한 밑거름입니다."

    학생들은 '느낌 카드로 마음의 창 열기'를 통해 정서적인 소통을 경험할 수 있습니다.

    내가 생각하는 나는 어떤 느낌(감정)을 가지고 있으며, 친구들은 나를 어떤 느낌을 가진 사람으로 생각할지, 또한 친구들이 나의 느낌을 잘 알고 있을지 등을 표현하는 활동은 원활한 관계 맺기를 위해 매우 중요합니다. 이 활동을 하면서 학생들은 내 안에 있는 나의 모습을 진지하게 생각해보고, 진실된 내 모습을 친구에게 전하고자 노력할 수 있습니다. 또한 친구와 소통하며 미처 생각하지 못했던 나의 모습을 알아채고, 더불어 친구의 좋은 점을 살펴보는 시간도 가질 수 있습니다.

    학생들은 이러한 과정을 통해 자기 마음의 창을 이해하고, 나와 친구의 느낌을 공유해보는 시간을 가짐으로써 행복한 학급으로 한 걸음 더 나아갈 수 있습니다.

19

느낌 카드로
감정 표현하기

- 활동 대상 초등 이상
- 소요 시간 15분 내외
- 가치 덕목 공감, 우정, 경청
- 핵심 역량 의사소통 역량, 심미적 감성 역량

    사람은 다른 사람과 관계를 맺으면서 정서가 발달합니다. 특히 진실된 관계를 맺기 위해서는 서로에 대한 감정 공감이 매우 중요합니다. 교실 안에서도 마찬가지입니다. 자신과 친구의 감정을 인식하고 공유하여 이를 표현해 보는 것이 중요하며, 이는 인성 친화적 학급으로 가는 의미 있는 과정입니다.
    '느낌 카드로 감정 표현하기'는 다양한 감정을 알고 이해하는 것은 물론, 자신의 현재 감정을 민감하게 인식하고 친구의 감정도 헤아리면서 공동체 안에서 소통의 질을 향상시키는 활동입니다.

▲ 아이들이 쌓은 감정 인식 피라미드

 **활동 방법**

> 🟣 **준비물**　느낌 카드(느낌 스티커), 마인드업 카드(마인드업 스티커), 필기도구 등

① 개인(또는 2인 1조)별로 느낌 카드를 책상 위에 펼쳐 잘 살펴봅니다.

② 일주일 동안 느꼈던 감정을 떠올리며 카드 6장을 고릅니다.

③ 6장 중에서 감정의 강도가 낮은 카드 3장은 맨 아래에, 그다음으로 강한 카드 2장을 그 위에 올려놓습니다. 감정의 강도가 가장 높은 카드 1장은 맨 위에 올려놓습니다. 이를 '감정 인식 피라미드'라고 합니다.

④ 감정 강도가 높은 카드 중에서 2순위 카드 2장부터 모둠원(또는 짝꿍)에게 소개하며 그 카드를 고른 이유를 이야기합니다.

⑤ 피라미드 맨 위에 있는 느낌 카드를 친구들에게 보여주며, 왜 그 감정의 강도가 가장 강했는지 이야기를 합니다.

⑥ 친구가 이야기를 마치면 다른 친구들은 응원과 격려의 말을 해줍니다.

- 학생들이 해당 주제에 대한 자신의 감정을 진지하게 들여다보고, 느낌 카드를 고를 수 있도록 합니다.
- 학생들의 발달 단계에 따라 카드 장수를 조절합니다. 중요한 것은 학생들이 해당 주제에 대한 자신의 감정을 잘 알아채고 그것을 표현하는 것입니다.
- 학습 상황에 맞춰 다양하게 활용합니다. 예를 들어, 국어 교과서 지문 속 등장인물의 감정을 카드로 표현해봅니다.
- 자신이 선택한 느낌 카드의 단어를 넣어서 스스로에게 힘을 주는 공감 엽서를 써봅니다.

응용하고 확장하기 : 느낌 카드로 감정 표현하고 서로 격려하기

자신의 감정을 제대로 인식하면, 친구의 감정도 잘 인식할 수 있습니다. 이는 연습을 통해 더욱 발달되고 습관으로 자리 잡힙니다. 각자 고른 느낌 카드로 이야기를 나눈 뒤, 서로의 감정을 공감하고 격려하는 시간을 갖는 것이 중요합니다.

이때 '마인드업 카드' 중에 친구에게 힘을 주는 카드를 건네며 격려해주는 것도 좋습니다. 또는 친구가 고른 느낌 카드의 단어를 넣어 격려하는 글을 쓴 후, 쪽지를 교환하는 활동도 추천합니다.

> "교사의 가장 큰 책임은 학생들의 마음과
> 도덕성에 주의를 기울이는 것입니다."

　미국의 명문 고등학교 '필립스 엑시터 아카데미'의 설립자 존 필립스는 이렇게 말했습니다.
　"교사의 가장 큰 책임은 학생들의 마음과 도덕성에 주의를 기울이는 것이다."
　교사는 인성 친화적 학급을 만들기 위해 학생들의 마음과 도덕성에 관심을 가져야 합니다. 여기에서 그치지 말고 이를 학급의 다양한 교육 활동에 접목시켜 인성 친화적 방향으로 나아가야 합니다.
　학생들은 학급 공동체에서 생활하면서 수많은 상황을 접하고 다양한 감정을 만납니다. 그 과정에서 중요한 것은 학생들에게 다양한 감정들을 살펴볼 수 있는 기회를 많이 제공해야 한다는 점입니다.
　사회적인 상식 수준을 벗어나는 일이 발생했을 때 사람들이 느끼는 '분노'라는 감정은 단순히 나쁜 감정이 아닙니다. 다양한 감정을 좋고 나쁨이 아닌, 편안하거나 불편한 감정으로 인식할 수 있도록 해야 합니다. 어떤 감정을 나쁘게 인식하면 다른 사람에게 감정을 표현할 때 진짜 감정을 드러내지 않기 때문입니다.
　학생들은 '느낌 카드로 감정 표현하기'를 통해 자신의 감정을 진솔하게 표현하고, 친구의 감정 표현을 경청하면서 '공감'과 '소통'의 가치를 느낄 수 있습니다.

20 내 마음의 날씨 표현하기

- **활동 대상** 초등 이상
- **소요 시간** 10분 내외
- **가치 덕목** 성찰, 수용, 자각
- **핵심 역량** 의사소통 역량, 심미적 감성 역량

　감정, 기분, 느낌을 인식하고 표현하는 것은 학생들의 정서지능 발달에 도움이 됩니다. 특히 초등학생들은 감정을 느낄 수 있는 뇌의 기능이 완성되어 가는 시기이기 때문에 감정을 풍부하게 느끼고 경험해보는 것이 중요합니다. 감정을 잘 조절하고 활용하기 위해서는 자신의 감정을 알아차리고 표현해보는 활동을 해보아야 합니다.

　'내 마음의 날씨 표현하기'는 학생들이 자신의 감정을 인식하고 표현하는 것은 물론, 친구의 감정을 공감해보는 경험을 통해 감정을 잘 조절할 수 있도록 도와줍니다.

▲ 아이들이 표현한 '내 마음의 날씨'

 활동 방법

> **준비물** 느낌날씨 보드판, 학생 이름표 등

❶ 학생의 이름표나 번호표를 만듭니다.

❷ 느낌날씨 보드판을 칠판 한쪽 면이나 교실 뒤 환경판 등 적절한 곳에 붙입니다.

❸ 느낌날씨 보드판 상단에 적절한 제목을 붙입니다.
  예 오늘 내 마음의 날씨는?, 오늘 나의 기분은 이렇습니다 등

❹ 학생들은 아침에 등교하면 자신의 감정을 날씨 보드판에서 찾아보고, 해당되는 보드판에 자신의 이름표를 붙입니다.

❺ 수업 시작 전, 모둠별(학급 전체)로 이야기를 나눕니다.

- 학생들이 느낌날씨 보드판을 보면서 자신의 감정을 진지하게 생각해보고, 이름표를 붙일 수 있도록 안내합니다.
- 느낌날씨 보드판은 다양한 감정을 넣어서 선생님이 직접 만들어도 좋습니다.
- 학생들이 느낌날씨 보드판의 해당 감정에 자신의 이름표나 번호표를 붙인 후, 그 이유를 포스트잇에 적어서 붙여도 좋습니다.
- 감정은 고정되어 있는 것이 아니라 상황에 따라 다양한 모습으로 변할 수 있다는 점을 알려줍니다.
- 자신의 이름표를 느낌날씨 보드판의 해당 감정에 붙인 뒤, 친구와 함께 감정날씨에 대해 이야기를 나누는 등 감정에 대해 표현해보는 시간을 갖습니다.
- 활용 예시는 다음과 같습니다.

  예 주말 동안 느꼈던 자신의 감정에 이름표 붙이기, 지금 내가 느끼고 있는 감정에 이름표 붙이기, 교과서 속 등장인물의 감정을 살펴보고 이름표 붙이기, 학교 또는 학급의 교육활동 후 자신의 감정에 이름표 붙이기, 부모님의 감정을 유추해서 이름표 붙이기 등

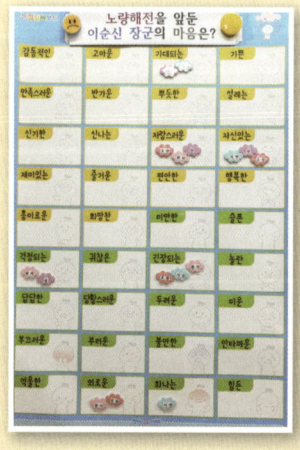

◀ 노량해전을 앞둔 이순신 장군의 마음은?

백쌤의  이야기 톡톡

> "자신이 느끼는 감정과 비슷한 단어를 찾아 표현하는 활동은
> 정서지능을 높이는 기본적인 단계입니다."

자신의 감정을 말로 표현하는 것에 부담을 느끼거나 거부감을 보이는 학생들이 있습니다. 그럴 때는 먼저 자신의 현재 감정이 어떠한지 차분히 느껴보고, 주어진 단어나 이미지로 자신의 감정을 찾아 붙여보는 활동으로 시작하면 좋습니다. 자신이 느끼는 감정과 비슷한 단어를 찾아 표현하는 활동은 정서지능을 높이는 기본적인 단계입니다.

이 과정을 통해 자신의 감정이 어떠한지 친구들에게 알려줄 수 있고, 친구의 감정이나 느낌도 읽을 수 있습니다. 그런 다음 서로 편안한 기분이나 불편한 느낌에 대해 이야기를 나누면 한결 부드럽게 감정을 소통할 수 있습니다.

21
느낌 카드로
감수성 키우기

- 활동 대상 초등 이상
- 소요 시간 30분 내외
- 가치 덕목 성찰, 실천, 지혜
- 핵심 역량 의사소통 역량, 심미적 감성 역량

　　심리학자이자 노벨경제학상 수상자(2002)인 대니얼 카너먼(Kahneman)은 "우리가 느끼는 행복과 불행은 사건과 경험이 아니라, 그에 따른 해석과 기억에 좌우된다. 고민, 역경, 실패, 성공, 성취, 행운 등은 그 자체보다 그에 대한 의미 부여가 감정의 본질을 이룬다."라고 말했습니다. 그의 말처럼 활동의 경험 자체보다는 이를 어떻게 해석하고 기억하느냐에 따라 행복의 밀도가 달라질 수 있습니다.

　　'느낌 카드로 감수성 키우기'는 학생들이 자신의 행복감을 높이기 위해서 꼭 필요한 대표 가치를 하나씩 골라보고, 그 가치로 인해 어떠한 감정과 느낌이 내 마음 속에서 확장될 수 있는지 생각하고 적어보는 활동입니다. 이 과정을 통해 감정의 인식과 표현의 중요성을 느끼는 것은 물론, 친구들과의 관계도 좋아집니다.

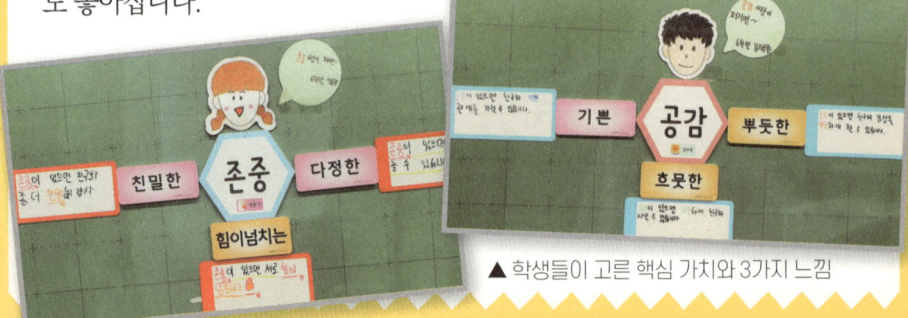

▲ 학생들이 고른 핵심 가치와 3가지 느낌

 활동 방법

> **준비물** 가치 덕목 자석카드, 느낌 자석카드, 가치 목록표(씨앗모아 카드), 포스트잇, 필기도구 등

❶ 가치 목록표를 보고 자신의 행복감을 높이기 위해서 꼭 필요한 핵심 가치 1개를 고릅니다.

 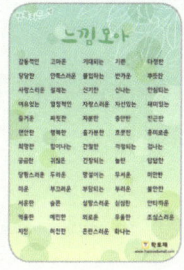

❷ 자신의 핵심 가치가 충만하다면 어떤 감정이 확장될 수 있을지 느낌 목록표에서 3가지 느낌을 골라 포스트잇에 적습니다. 또는 느낌 카드 중에서 3장을 골라 핵심 가치 양옆과 아랫부분에 1장씩 배치합니다.

❸ 해당 느낌을 고른 이유를 포스트잇에 적어서 각 느낌 카드 옆에 붙입니다.

❹ 핵심 가치 윗부분에는 자신이 고른 핵심 가치와 감정으로 행복해하는 자신의 얼굴을 그려서 붙입니다.

❺ 자신의 핵심 가치와 3가지 느낌, 그리고 고른 이유를 발표합니다.

❻ 발표가 끝나면 칠판 또는 교실 환경판에 활동 결과를 게시하고, 서로의 결과물을 살펴보며 생각과 느낌을 공유합니다.

- 개인 활동을 하거나 2인 1조, 모둠으로 모여 공감 토의를 해도 좋습니다.
- 가치와 감정 목록은 출력하여 나눠주거나 화면으로 보여주어 학생들이 선택하여 사용할 수 있도록 합니다.
- 교과 수업시 지문에 등장하는 주인공을 대상으로 활동해도 좋습니다.
  - 예 6학년 도덕 교과에 나오는 이태석 신부님: 이태석 신부님에게는 어떤 핵심 가치가 있을지 가치 목록표를 보고 각자 정합니다. 그 핵심 가치를 통해 이태석 신부님은 어떠한 감정들을 느끼며 생활했는지 자신이 생각하는 감정들을 적어봅니다.
- 친구사랑 주간, 인성교육실천 주간, 학교폭력예방 주간 등 학교 행사 활동시 친구 또는 우리 학급 전체를 주인공으로 삼아 위와 같은 방법으로 활동을 진행합니다.

"교실에 나쁜 학생은 없습니다.
가치관이 서로 다른 다양한 아이들이 있을 뿐입니다."

"햇볕은 감미롭고, 비는 상쾌하고, 바람은 힘을 돋우며, 눈은 마음을 설레게 한다. 세상에 나쁜 날씨란 없다. 서로 다른 종류의 좋은 날씨가 있을 뿐이다." 19세기 말 영국의 비평가 존 러스킨의 말입니다.

우리가 하루 중 가장 많은 시간을 보내고 있는 교실이라는 공간도 마찬가지입니다. 교실에 나쁜 학생은 없습니다. 가치관이 서로 다른 다양한 아이들이 있을 뿐입니다. 학생들이 스스로 행복해지기 위해 필요한 가치가 무엇인지 진지하게 생각하는 모습은 참으로 인상적입니다. 이때 단지 자신에게 필요한 가치 덕목을 고르는 것을 넘어 그 가치가 어떤 감정과 연결될 수 있는지 생각해보는 과정이 필요합니다.

'느낌 카드로 감수성 키우기'는 학생들의 마음속에 이미 싹트고 있는 가치와 긍정적인 정서가 보다 수월하게 발현될 수 있도록 도와주는 활동입니다. 이렇게 알게 된 가치와 감정이 '우리'라는 테두리 안에서 각자의 의지로 발현될 때 인성 친화적인 행복한 학급에 한 걸음 다가가는 것 아닐까요?

22
행복 십계명으로 같이 행복하기

- 활동 대상 초등 이상
- 소요 시간 60분 내외
- 가치 덕목 긍정, 기쁨, 지혜
- 핵심 역량 창의적 사고 역량, 심미적 감성 역량

　행복은 강도보다 빈도가 중요합니다. 그러므로 행복한 사람이 되기 위해서는 행복해지는 연습을 자주 해야 합니다. 하버드 대학교의 조지 베일런트 교수는 그의 저서 『행복의 조건』에서 "인생에서 가장 중요한 것은 다른 사람들과의 관계이다. 행복하고 건강하게 나이 들어갈지를 결정짓는 것은 지적인 뛰어남이나 경제적 계층이 아니라 바로 인간관계이다."라며 다른 사람들과 더불어 사는 삶이 행복으로 가는 길임을 강조했습니다. '나'와 '너'가 '우리'라는 이름으로 따뜻한 관계를 맺는다면 어느 순간 '한층 행복해진 나'를 발견할 수 있을 것입니다.

　'행복 십계명으로 같이 행복하기'는 '행복'에 대한 각자의 생각을 10글자로 표현하고, 첫 글자를 따서 십계명을 만들어 보는 활동입니다. 이 활동은 학생들에게 '행복'에 대한 생각의 폭을 넓힐 수 있는 계기를 줍니다. 또한 자신이 생각하는 '행복'의 의미를 친구들과 공유함으로써 '행복'은 혼자보다 함께일 때 더 의미 있음을 느낍니다.

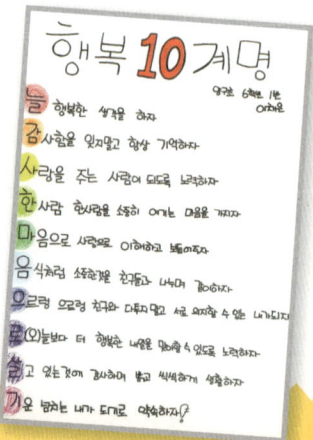

 **활동 방법**

> 🟡 **준비물**   4절지(또는 8절지), 네임펜, 사인펜 등 필기도구

① 각자가 생각하는 행복이란 무엇인지 10개의 글자로 표현합니다. 학생들에게 과제를 미리 주고 충분히 생각할 시간을 줍니다.

② 문장이 잘 연결되게 10가지 계명을 창의적으로 구성합니다.

③ 내용에 어울리는 그림을 간단하게 그려도 좋습니다.

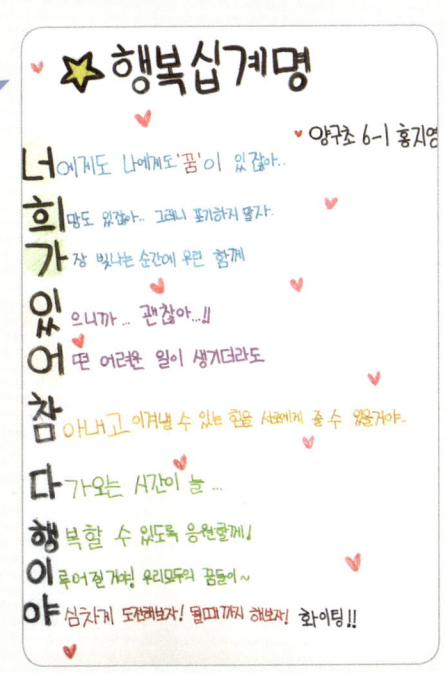

④ 작품이 완성되면 모둠별(또는 전체)로 발표를 합니다.

⑤ 활동을 마친 뒤에는 학생들의 작품을 교실 환경판에 게시합니다.

- 개인이 하기 어려우면, 2인 1조, 모둠 활동, 가족들과 함께해도 됩니다.
- 인성교육실천 주간, 친구사랑 주간, 학교폭력예방 주간 등 학교 행사 때 문예 활동으로 운영해도 좋습니다.
- 문장 연결이 매끄럽지 않아도 '행복'의 의미만 잘 드러나면 괜찮다고 말해줍니다.
- 발표를 할 때는 작품을 친구들에게 보여주고, 10글자를 먼저 읽습니다. 친구들이 앞 글자를 외치면, 글을 쓴 학생이 뒷부분을 읽습니다.
- 행복 십계명을 쓸 때 자신이 중요하다고 생각하는 단어나 문장은 다른 색깔의 펜으로 쓰고, 남는 공간에 주제와 관련 있는 그림을 그려봅니다.

응용하고 확장하기 '가나다'로 만든 행복 십계명

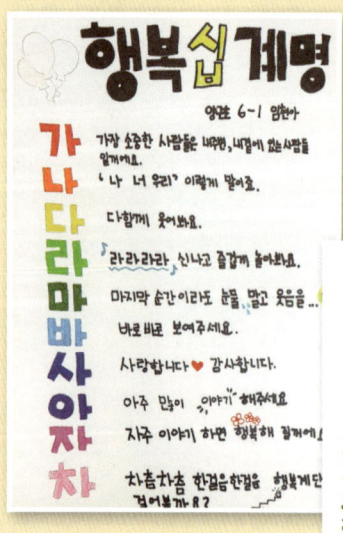

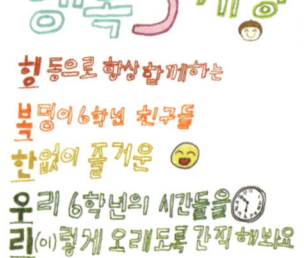

행복을 주제로 한 10개의 글자를 만들기 어려우면 '가나다라마바사아자차' 또는 '일이삼사오육칠팔구십' 등으로 행복 십계명을 만듭니다. 또는 행복N계명이란 제목으로 10글자가 아닌 3글자, 5글자 등 학습환경에 맞게 적절히 활용하셔도 좋습니다.

백쌤의  이야기 톡톡

"행복은 지금 여기에서 우리가 하고 있는 소소한 노력들이
잘 어우러질 때 느낄 수 있는 것입니다."

저는 '행복 십계명으로 같이 행복하기'를 진행하면서 학생들에게 이렇게 말했습니다.

"행복한 사람이 되려면 행복해지기 위한 연습을 해야 해요. 행복은 지금 여기에서 우리가 하고 있는 소소한 노력들이 잘 어우러질 때 느낄 수 있는 것입니다. 거창하거나 멀리 있지 않지요."

학생들은 이 활동을 하면서 '행복'에 대한 자기의 생각과 감정이 무엇인지 생각해보고, '행복'이라는 가치가 주는 소중함에 대해 느껴보는 시간을 가집니다. 학생들이 활동 내내 진지하게, 그리고 즐겁게 참여하는 모습을 보면서 '행복'이라는 열매 속에 있는 따뜻한 인성 씨앗들이 주위로 퍼져나가 '같이'의 가치가 존중받는 세상을 꿈꿔봅니다.

23
긍정(강점) 나무 키우기

- **활동 대상** 초등 이상
- **소요 시간** 15분 내외
- **가치 덕목** 행복, 존중, 우정
- **핵심 역량** 심미적 감성 역량, 의사소통 역량

세계 최고 기업인 구글에 입사하기 위해서는 최대 17번까지 면접을 본다고 합니다. 여러 가지 이유가 있겠지만, 면접관이 지원자들과 최대한 이야기를 많이 나누면서 그 사람이 지니고 있는 긍정(강점) 가치가 무엇인지 알아보기 위해서일 것입니다.

최근 기업에서는 직원들에게 '소통과 협력' 능력을 강조하고 있습니다. 업무의 시너지 효과를 위해 직원들 간의 원활한 소통을 강조하면서, 이를 위해 '협력'의 가치도 부각되고 있습니다.

'긍정(강점) 나무 키우기'는 자신이 들으면 행복할 것 같은 단어와 자신의 강점이 무엇인지를 생각해보고, 이를 친구들과 공유하면서 '함께'의 가치를 돌아보는 활동입니다.

▲ 아이들이 키운 긍정(강점) 나무

 활동 방법

> **준비물** 나무그림보드(2절지 또는 4절지),
> 열매 모양 도안(또는 다양한 모양의 포스트잇), 필기도구 등

❶ 2절지나 4절지에 나무 모양의 그림을 그리거나, 나무그림보드 교구를 준비합니다.

❷ 사과 등 열매 모양의 도안 또는 다양한 모양의 포스트잇을 준비합니다. 학생들이 직접 그려서 오려도 좋고, 교사가 준비해도 됩니다.

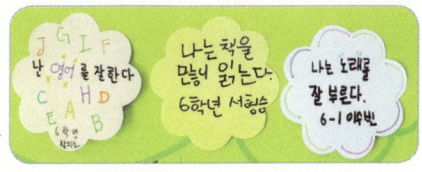

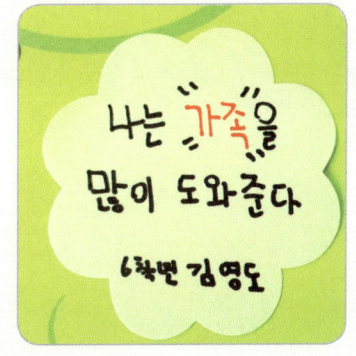

❸ 다른 사람에게 들으면 행복해질 것 같은 단어(3~5글자)나 자신의 대표 강점을 열매 모양의 카드(또는 포스트잇)에 적습니다.

❹ 자신이 쓴 내용(긍정 또는 강점)을 친구들에게 소개합니다.

❺ 나무 모양의 도안(또는 나무그림보드 교구)에 열매 카드를 붙입니다. 학생 수가 적은 학급에서는 학생들의 사진을 같이 붙여도 좋습니다.

❻ 활동을 마친 뒤, 긍정(또는 강점) 나무를 교실 환경판에 게시합니다.

- 다른 사람에게 들으면 행복해질 것 같은 단어는 가급적 짧은 단어로 적습니다. 교사가 다양한 예시를 보여주며 학생들이 고르도록 해도 좋습니다.
- 학생들이 열매 모양 도안에 직접 적거나, 컴퓨터로 작성하고 출력해도 됩니다.
- 포스트잇을 사용할 때에는 과일 모양의 포스트잇을 활용하면 좋습니다.
- 인성교육실천 주간, 친구사랑 주간, 학교폭력예방 주간 등 학교 행사를 진행할 때 문예활동으로 운영해봅니다.
- 강점(장점) 쓰기를 어려워하는 학생에게는 어떤 일을 할 때 기분이 좋아지고 힘이 솟는지 생각해보고 적을 수 있도록 안내합니다.

백쌤의  이야기 톡톡

"자신의 강점을 친구들에게 거리낌 없이 말할 수 있으려면
친구에 대한 믿음이 전제되어 있을 때라야 가능합니다."

작가 공지영은 『수도원 기행 2』에서 "진실한 관계는 자신의 생각이나 느낌 그리고 주장을 있는 그대로 표현해도 상대로부터 배척받거나 버림받지 않는다는 믿음을 가진 것을 의미한다."라고 말했습니다.

자신이 듣고 싶은 말이나 강점을 진지하게 생각하고, 그것을 친구들에게 거리낌 없이 말할 수 있으려면 친구에 대한 따뜻한 믿음이 전제되어 있을 때라야 가능합니다. 친구들이 그 말을 경청하면서 자발적으로 "좋은 생각이야.", "나도 그렇게 생각해.", "어떻게 그런 생각을 했니? 멋진걸?" 등 격려의 말을 할 수 있는 분위기가 조성된다면 이보다 더 행복한 교실은 없겠지요?

24

5가지 사랑의 언어로 말하기

- **활동 대상** 초등 이상
- **소요 시간** 40분 내외
- **가치 덕목** 사랑, 실천, 행복
- **핵심 역량** 의사소통 역량, 심미적 감성 역량

'5가지 사랑의 언어'는 미국의 심리학자이자 상담가인 게리 채프먼 박사가 제시한 소통 방법입니다. 채프먼 박사에 의하면 모든 사람의 내면에는 사랑으로 채워지길 기다리는 '감정 탱크'가 있으며, 이 욕구가 채워지지 않으면 내면의 감정탱크가 비게 되고 그 공허함은 다양한 일탈의 모습으로 나타난다고 합니다. 따라서 사랑하는 사람과의 관계를 원만하게 하기 위해서는 '사랑의 언어'를 이해해야 하며, 자신의 '사랑의 언어'가 아닌 상대방의 언어로 소통해야 한다고 합니다. 채프먼 박사는 5가지 사랑의 언어를 '인정하는 말, 함께하는 시간, 선물, 봉사(도움), 스킨십'이라고 말합니다.

'5가지 사랑의 언어로 말하기'는 사랑의 언어 진단 검사를 통해 학생들의 사랑의 제1언어는 무엇인지 알아보고, 마음 속 사랑탱크를 채워보는 활동입니다.

 활동 방법

> **준비물** 5가지 사랑의 언어 진단지, 5가지 사랑의 언어 활동지, 마인드업 스티커, 필기도구 등

❶ '5가지 사랑의 언어'란 무엇인지 알아봅니다.

❷ 5가지 사랑의 언어 진단지 문항(『행복한 교실을 만드는 5가지 사랑의 언어』 교재에 있음)을 보고, 자신이 더 행복하게 느낄 때를 나타낸 문항에 체크합니다. 그 후에 교사는 학생들이 체크한 문항이 어떠한 사랑의 언어인지 알려줍니다.

❸ 진단지 문항을 보면서 각 언어별로 체크한 개수를 확인합니다. 진단 활동지에 자신이 체크한 5가지 사랑의 언어의 개수를 적습니다. 체크 개수가 가장 많은 사랑의 언어 2가지를 골라 적습니다.

5가지 사랑의 언어 진단 활동지

※검사지의 1번~30번 문항까지 체크한 후, 아래의 활동지에 자신이 체크한 각 사랑의 언어(A~E)의 개수를 적습니다.
※체크한 5가지 사랑의 언어(A~E) 중에서 체크한 개수가 가장 많은 사랑의 언어 2가지를 골라 아래 칸에 적습니다.

	5가지 사랑의 언어		인정하는 말(A)	함께 하는 시간(B)	선물(C)	봉사(D)	스킨십(E)
이름	5가지 사랑의 언어 체크 개수		7	9	5	6	3
엄윤경	나의 사랑의 언어는 무엇인가요?	1 언어	나의 제 1 사랑의 언어는 (함께 하는 시간)입니다.				
		2 언어	나의 제 2 사랑의 언어는 (인정하는 말)입니다.				

우리는 인정하는 말로 같이 따뜻해지고, 함께 하는 시간으로 같이 특별해지고, 봉사(도움)로 같이 빛나고, 선물로 같이 소중해지고, 따뜻한 스킨십으로 같이 사랑스러운 원당초 어린이입니다.

❹ '5가지 사랑의 언어 진단 활동지'를 친구들에게 보여주면서 자신의 사랑의 제1언어와 제2언어를 소개합니다.

❺ 자신의 사랑탱크를 채울 수 있는 사랑의 언어에는 어떤 것들이 있는지 활동지에 적고, 마인드업 스티커를 붙이며 스스로를 격려합니다.(149쪽 활동지 참고)

❻ 활동지 하단에 활동을 하면서 알게 된 점이나 느낀 점을 적고 발표합니다.

❼ 교사는 학생들의 사랑의 언어 진단 결과를 아래와 같이 한눈에 볼 수 있도록 정리해서 환경판에 게시합니다.

친구의 사랑 탱크를 꽉! 채워주세요~

5가지 사랑의 언어 진단 결과

〈인정하는 말, 함께 하는 시간, 선물, 봉사(도움), 스킨십〉

멋진 나	사랑의 제1언어	사랑의 제2언어
김 민 서	인정하는 말	함께 하는 시간
김 예 율	함께 하는 시간	인정하는 말
김 태 완	인정하는 말	함께 하는 시간
엄 윤 경	함께 하는 시간	인정하는 말
이 주 찬	인정하는 말	함께 하는 시간

우리는 인정하는 말로 같이 따뜻해지고, 함께 하는 시간으로 같이 특별해지고, 봉사(도움)로 같이 빛나고, 선물로 같이 소중해지고, 따뜻한 스킨십으로 같이 사랑스러운 원당초 어린이입니다.

활용 TIP

- 5가지 사랑의 언어 진단지는 『행복한 교실을 만드는 5가지 사랑의 언어』에 초등학교 학년군별 수업 교안 및 활동지와 함께 수록되어 있습니다.
- 5가지 사랑의 언어를 진단하여 각자가 가진 사랑의 언어가 무엇인지 알아보고, 마음 속 사랑탱크를 채우기 위해서는 어떻게 해야 하는지 생각해보도록 합니다.
- 『행복한 교실을 만드는 5가지 사랑의 언어』에 의하면 어린이마다 고유한 사랑의 언어가 있으며, 사랑을 소통하려면 그 아이의 고유 언어(사랑의 제1언어)를 구사해야 합니다. 사랑은 배우고 익혀야 하는 것이므로 각자의 노력이 필요하다고 합니다.
- 아래와 같은 활동지를 만들어 활용하면 좋습니다.

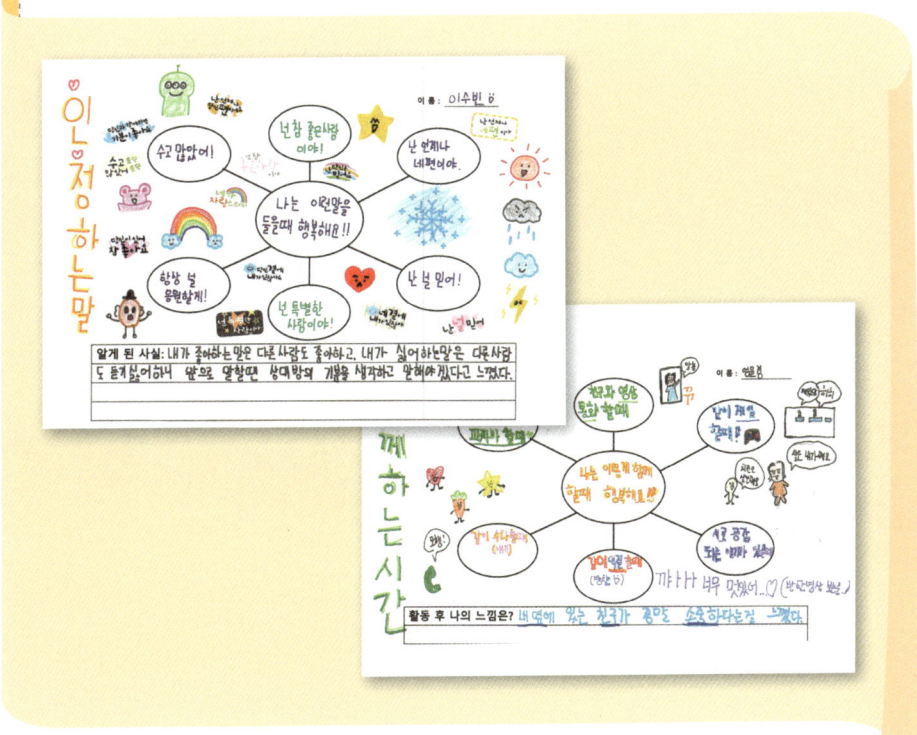

- 5가지 사랑의 언어의 의미는 다음과 같습니다.

    - <mark>인정하는 말</mark> 어떤 이의 행동과 의도, 감정 등에 긍정적으로 표현하는 진실된 말(글)을 의미합니다. 칭찬과 격려가 대표적입니다. 반대 언어: 협박, 비교, 조롱, 경고, 비난 등

    - <mark>함께하는 시간</mark> 단순히 상대방과 함께 시간을 보내는 것이 아니라, 사랑 받는다고 느낄 수 있도록 상대방을 위해 기꺼이 시간을 내는 것을 말합니다. 상대방을 위한 집중과 경청이 대표적입니다. 반대 언어: 따돌림, 왕따 등

    - <mark>선물</mark> 상대방에게 주는 물건의 의미를 넘어 상대방을 생각하는 마음으로 정성(물건 그 이상의 의미)을 담아 건네는 것입니다. 반대 언어: 뇌물, 금품 갈취 등

    - <mark>봉사</mark> 남을 도와주는 일의 의미를 넘어 상대방이 원하거나 필요로 하는 것! 그러나 기대하지 않은 것을 기꺼이 도와주는 것을 말합니다. 반대 언어: 외면, 방해 등

    - <mark>스킨십</mark> 상대방이 힘과 용기, 친밀감을 느낄 수 있도록 나의 마음을 담아 적절한 신체 접촉을 통해 전달하는 것을 말합니다. 반대 언어: 성희롱, 신체 폭력 등

- 사랑의 언어를 배울 때는 반대 언어도 함께 살펴보면 좋습니다. 사진 카드나 느낌 카드와 같은 다양한 도구를 이용하면 교육적 의미와 흥미를 모두 잡을 수 있습니다.

> "자존감 높은 아이가 마음 속 사랑탱크를
> 더 자주, 더 가득 채울 수 있습니다."

　행복은 주관적인 감정입니다. '주관적 안녕감'이라고도 합니다. 행복감을 느끼기 위해서는 자신을 존중하고 사랑하는 마음, 즉 자존감이 필요합니다. 경쟁을 통해 얻은 자존심이나 결과물로 얻은 자부심이 아닌, 자신에 대한 존중과 사랑으로 생긴 '자존감'이 높아야 행복감을 느낄 수 있습니다. 자존감 높은 아이가 마음 속 사랑탱크를 더 자주, 더 가득 채울 수 있습니다.

　교육부 학교교육과정 포럼 운영단(2019)에서 조사한 '미래 교육과정의 방향'을 묻는 설문 결과 시민·인성교육(46.9%)이 과학기술교육(27.8%)과 창의성 교육(20.6%)을 제치고 최우선 순위로 나타났습니다. 이는 '든 사람'과 '난 사람'을 기르는 교육보다 '된 사람'이 되기 위한 사람됨을 가르치는 교육의 중요성을 반영한 결과입니다.

　'5가지 사랑의 언어로 말하기'를 통해 나 자신과 다른 사람들이 가진 사랑의 언어를 이해할 수 있습니다. 아울러 마음 속 사랑탱크를 채우기 위한 다양한 활동을 해봄으로써 자존감 향상과 공동체라는 중요한 가치를 성찰해 볼 수 있습니다.

25

감사 카드로
감정 온도 올리기

- **활동 대상** 초등 이상
- **소요 시간** 15분 내외
- **가치 덕목** 감사, 교감, 사랑
- **핵심 역량** 의사소통 역량, 심미적 감성 역량

감사하는 마음은 과거에 대한 좋은 기억을 떠올리게 해주고, 긍정적인 감정의 밀도를 높여 행복감을 느끼게 해줍니다. '감사'는 자신의 내면을 한결 바르고 튼실하게 해줄 수 있는 귀한 가치입니다.

'감사 카드로 감정 온도 올리기'는 학생들이 자신을 둘러싼 환경을 구석구석 성찰해보면서 감사함을 발견해보는 것은 물론, 이를 기록하고 표현해보는 활동입니다. 삶의 행복 지수와 정서지능 향상에 많은 도움이 될 것입니다.

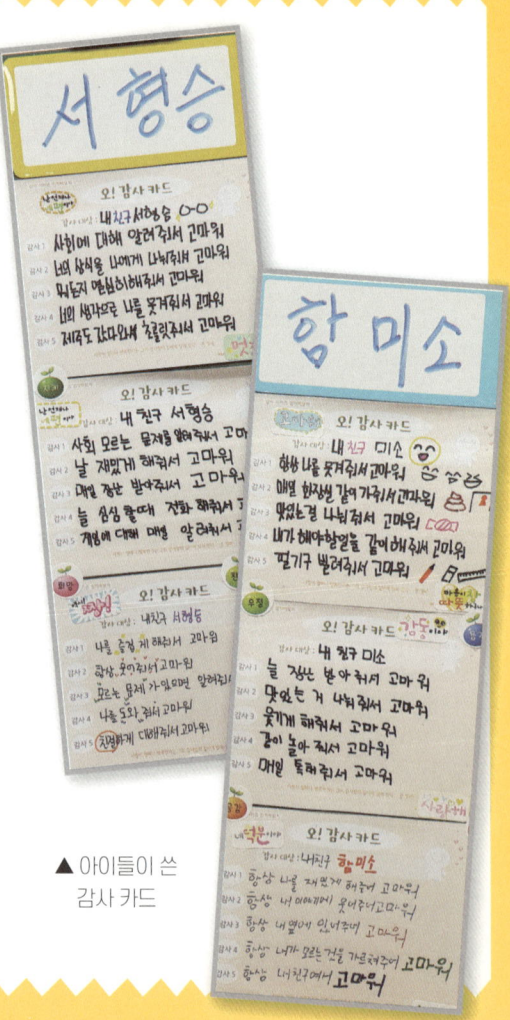

▲ 아이들이 쓴 감사 카드

 활동 방법

준비물 감사 카드, 가치 덕목 스티커, 마인드업 스티커, 필기도구 등

❶ '감사'의 의미를 생각해봅니다.

❷ '감사'의 대상은 자기 자신은 물론, 주위 사람들과 모든 환경(자연)이 포함될 수 있음을 안내합니다.

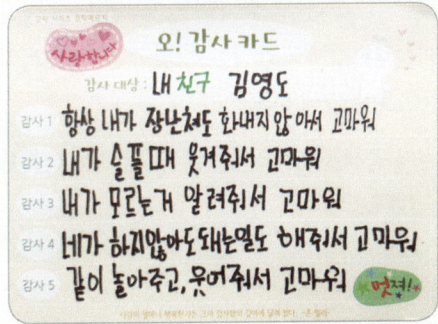

❸ 감사하고 싶은 대상에게 감사한 내용을 5가지 적어봅니다.

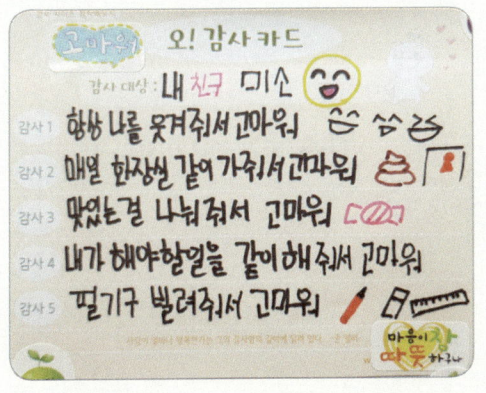

❹ 그 친구가 가지고 있을 것 같은 가치나 격려의 글을 카드 여백에 적거나 스티커를 붙여줍니다. 그림을 그려 넣어도 좋습니다.

❺ 카드 내용을 친구들 앞에서 읽어봅니다.

❻ 칠판이나 교실 환경판에 감사 카드를 게시합니다.

- 감사 카드를 다 적은 뒤, 감사 카드 전달식을 진행해보세요.
- 감사 대상을 사람 외에 자신을 둘러싼 모든 자연 환경으로 확장해도 좋습니다.
- 감사 카드는 교실 환경판에 게시하고, 같이 읽어볼 수 있도록 합니다.
- 인성교육실천 주간, 친구사랑 주간, 학교폭력예방 주간 등 다양한 학교 행사 때 문예 활동으로 운영해봅니다.
- 감사 공책을 만들어서 매주 쓰게 하되, 선생님이 상황에 맞게 감사 주제를 정해줘도 좋습니다.

응용하고 확장하기

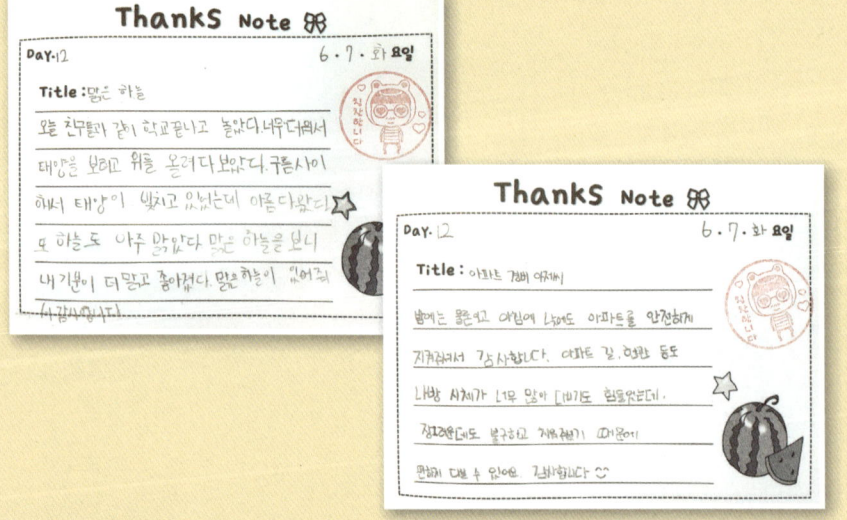

감사의 대상을 친구나 가족이 아닌, 주변 사람이나 자연을 대상으로 생각해보고 글을 적도록 합니다.

백쌤의  이야기 톡톡

"우리 학생들은 누구를 향해 감사의 마음을 전했을까요?
고민하던 눈망울들이 눈에 선합니다."

"감사하는 태도는 정말로 우리에게 큰 선물을 안겨준다. 우리는 물론, 주변 사람들 모두를 행복하게 해준다. 우리는 감사하는 태도를 통해 더욱 사려 깊은 사람으로 거듭나게 된다. 사람들과의 관계에 대해 깊이 생각하는 습관이 그 같은 변화를 이끌어내는 것이다. 우리는 감사 연습을 통해서 얼마나 많은 사람들이 삶을 풍요롭게 해주는지 깨달을 수 있다. 감사하는 태도는 우리의 자긍심을 강하게 해준다." 데보라 노빌의 『감사의 힘』에 나오는 말입니다.

감사, 생각만 해도 참 따뜻한 단어입니다. '감사'는 '행복'의 퍼즐을 맞추는 데 꼭 필요한 가치입니다. 우리 학생들은 누구를 향해 감사의 마음을 전했을까요? 고민하던 눈망울들이 눈에 선합니다. 감사한 마음을 차분히 적어 내려가는 모습도 참 인상적이었습니다.

'감사 카드로 감정 온도 올리기'는 자기 자신을 둘러싼 환경을 성찰하면서 감사한 일들을 적어보는 과정을 통해 긍정적인 정서가 충만해지는 것은 물론, 자존감 향상에 도움이 되는 활동입니다.

26 마인드업 스티커로 칭찬하기

- **활동 대상** 중등 이상
- **소요 시간** 40분 내외
- **가치 덕목** 칭찬, 격려, 사랑
- **핵심 역량** 자기관리 역량, 공동체 역량

『칭찬은 고래도 춤추게 한다』에서 켄 블랜차드는 "항상 염두에 두어야 할 것이 있어요. 어떤 행동에 대해서 주의를 기울일수록 그 행동이 계속 반복된다는 사실입니다. 저희는 그 사실을 범고래들에게 배웠죠. 범고래들도 잘못한 일 대신에 잘한 일에 관심을 가져주면 올바른 행동을 더 많이 하게 됩니다."라고 말했습니다. 실수나 잘못한 행동보다는 잘한 것을 더 많이 발견하고 격려하고 칭찬하는 것이 아이의 행동을 더 긍정적으로 변화시키는 데 효과적이라는 데에는 많은 교사들이 동감할 것입니다.

'마인드업 스티커로 칭찬하기'는 학기 말이나 학년 말에 학급 및 수업시간에 하는 칭찬 활동 중의 하나입니다. 아이들이 들으면 기분 좋은 문구로 된 스티커로 자기 자신과 친구들을 격려하는 방법을 안내합니다.

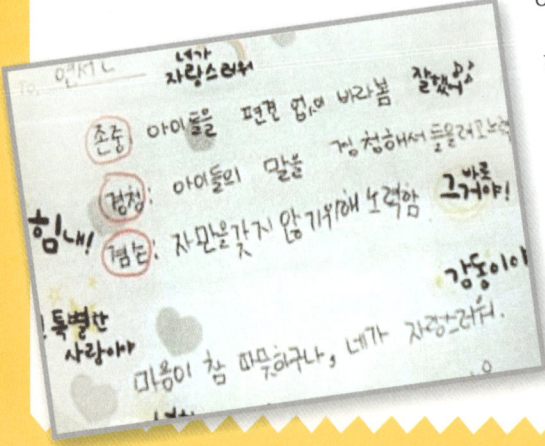

◀ 마인드업 스티커로 칭찬하는 아이들

 활동 방법

> **준비물** 마인드업 스티커, 신나는 음악

① 교사는 마인드업 스티커와 신나는 음악을 준비합니다.

② 학생들은 4인 1조 또는 6인 1조로 모둠을 만듭니다.

③ 교사는 활동 방법을 소개하는 안내문을 칠판에 붙입니다.

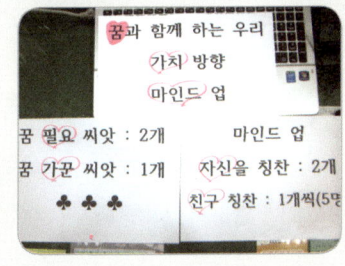

④ 교사는 활동의 의미를 간단히 설명합니다. 학생들은 자기 손등에 스스로를 칭찬하는 스티커 2개를 붙이고, 친구들도 칭찬하면서 손등, 컵, 엽서 등에 스티커를 붙여줍니다.

⑤ 교사는 교탁 옆에 있는 여분의 책상에 마인드업 스티커를 붙여놓고, 수시로 학생들을 격려하고 칭찬해줍니다.

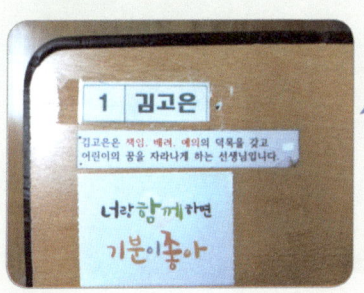

⑥ 학생들은 자신의 책상에 이름, 꿈in꿈, 마인드업 스티커를 붙여놓고 스스로를 격려합니다.

- 신나는 음악을 준비하여 학생들이 즐거운 분위기에서 칭찬을 할 수 있도록 합니다.
- 마인드업 스티커에는 마틴 셀리그만의 '긍정 심리학'에 근거한 칭찬, 격려, 사랑, 공감과 관련된 문구들이 있습니다.
- 자기 자신을 먼저 칭찬하고, 그다음 친구들을 칭찬하며 스티커를 붙여주도록 합니다.
- 칭찬 스티커를 붙인 손들을 모아 모둠 사진을 찍어봅니다.
- 학기 말 학급 시간이나 마지막 수업 시간에 이 활동을 하면 좋습니다.
- 색지로 마인드업 엽서를 만들어서 1장씩 나누어줍니다. 학생들은 그 엽서에 그동안 자신이 가꾸어온 가치 씨앗을 씁니다.
- 교사는 학생들의 활동을 유심히 지켜보면서 학생들이 가꾸어온 가치 씨앗을 살펴보고 칭찬 스티커를 붙여주면서 격려합니다.

윤쌤의 이야기 톡톡

"한 아이가 오더니, '선생님, 1년 동안 너무 고마웠습니다.'
라면서 제 손등에 '고맙습니다' 스티커를 붙여주더군요."

저는 학급 활동에서 서로 칭찬하고 격려하는 시간을 많이 갖습니다. 특히 학기 말에 그동안 잘 견뎌온 자신을 칭찬하고, 지지해준 친구들에게 감사하면서 공동체를 자연스럽게 경험합니다.

몇 년 전, 한 학기를 마무리하는 시간이었습니다. 친구의 얼굴이나 손등에 스티커를 붙여주면서 서로를 칭찬하는 아이들의 모습이 참으로 아름다웠습니다. 그런데 평소에 수줍음 많던 한 아이가 저에게 오더니, "선생님, 1년 동안 너무 고마웠습니다."라면서 제 손등에 '고맙습니다' 스티커를 붙여주더군요. 저는 그 아이를 꼬옥 안아주었지요. 그리고는 '넌 소중한 사람이야' 스티커를 얼른 찾아서 손등에 붙여주었습니다. 그 아이는 수줍게 미소를 지었습니다. 작은 스티커 하나로 우리는 하나가 되었습니다.

27

느낌 카드와 5분 데이트

- 활동 대상 중등 이상
- 소요 시간 5분 내외
- 가치 덕목 공감, 소통
- 핵심 역량 심미적 감성 역량

    토마스 고든은 『교사의 역할 훈련』에서 "실패하는 교육과 성공하는 교육의 차이에 가장 큰 영향력을 미치는 요소는 교사와 학생 사이의 관계다."라고 말했습니다. 한 아이가 성장을 해나가는 데는 여러 가지가 필요합니다. 그 중에서 특히 꿈, 학습, 관계가 가장 중요합니다. 꿈과 학습을 가꾸는 데 기본이자 뿌리가 되는 것이 '관계'입니다.

    학생들은 자기 자신과의 관계, 부모와의 관계, 친구와의 관계, 교사와의 관계로 관계를 점점 넓혀 나갑니다. '느낌 카드와 5분 데이트'는 바쁜 학교생활에서도 정서적 관계 맺기를 지속적으로 해나갈 수 있는 활동입니다.

 활동 방법

> **준비물**　느낌 카드, 느낌모아 엽서

❶ 느낌 카드는 63개 단어로 인간의 감정을 구분해놓은 개별 카드이고, 느낌모아 엽서는 63개의 느낌을 한꺼번에 모아놓은 카드입니다.

◀ 느낌 카드

❷ 학생들에게 느낌 카드를 주고 요즘 생활과 관련된 단어를 고르도록 합니다.

❸ 고른 느낌 카드를 편안한 느낌과 불편한 느낌으로 분류합니다. 불편한 느낌의 카드는 아래쪽에, 편안한 느낌의 카드는 위쪽에 놓습니다.

❹ 자신이 고른 느낌 단어들을 보면서 스스로의 감정을 살펴봅니다.

❺ 교사는 학생이 고른 느낌 단어들을 중심으로 공감하면서 감정코칭을 합니다. 학생이 고른 느낌과 그 이유를 간단히 물어보고 공감해줍니다.

- 학생은 자신의 감정들을 분류함으로써 좀 더 냉철하게 자신의 감정들을 들여다보게 됩니다. 이때 교사는 옆에서 묵묵히 지켜봐줍니다.
- 학생이 고른 느낌 단어를 사진으로 찍어 학생에게 보내줍니다. 학생이 자신의 감정을 이성적으로 마주하는 데 도움이 됩니다.
- 학생과 상담한 후에 부모와 상담이 필요하다고 판단되면, 학생에게 동의를 구하고 부모와 상담을 이어갑니다.
- 상담시, 교사도 자신의 느낌을 학생에게 보여줌으로써 서로의 감정에 공감하는 것이 좋습니다.
- 학생들끼리 갈등이 있을 때, 느낌모아 엽서를 사용하여 상담을 해도 좋습니다. 갈등의 원인을 들은 뒤 충분히 공감해준 다음, 학생에게 느낌모아 엽서에 있는 단어를 골라 동그라미 표시를 하라고 합니다.
- 학생은 자신이 고른 단어를 가지고 갈등이 있었던 친구에게 사과 편지를 씁니다. 이때 '서운한, 화나는, 미안한, 홀가분한, 고마운' 등의 글자를 골라 친구에게 글을 씁니다.

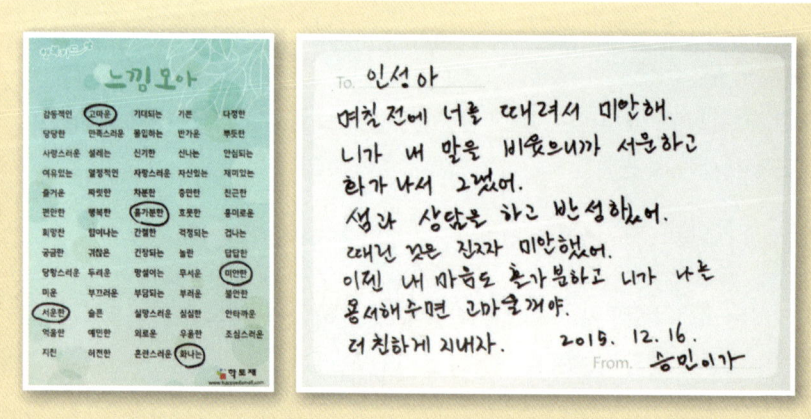

윤쌤의

> "사람들은 당신이 한 말과 당신이 한 행동은 잊지만,
> 당신이 그들에게 어떻게 느끼게 했는가는 잊지 않는다."

몇 년 전의 일입니다. 주머니에 늘 담배를 숨기고 다니는 아이가 있었어요. "○○야, 샘이 신상품 줄 테니, 이거랑 담배랑 바꿀래?"라고 했더니, 아이가 씨익 웃으며 주머니에 있는 담배를 꺼내더군요. 저는 그 담배를 받고, 그 아이에게 느낌 카드를 주었지요. 녀석은 약간 실망한 듯, "이게 뭐예요?"라고 물었어요. "그래도 내가 샘인데 너한테 담배를 줄 수 있겠니. 담배보다 더 좋은 거니까 꺼내봐." 우리의 이야기는 그렇게 시작되었습니다.

우리는 함께 느낌 카드를 뽑았습니다. 저는 아이에 대해 '걱정스러운, 안심되는, 믿음직스러운'을 뽑았습니다. 아이가 그걸 보고, "샘, 제가 많이 걱정되세요?"라고 물었습니다. "처음에는 걱정을 많이 했는데 이제 안심이 되고 믿음도 생겨. 초등학교 4학년 때부터 담배를 피웠다니 완전히 끊기는 힘들 거야. 그래도 조금씩 줄여가자."라고 했더니, 순순히 "네, 샘. 감사해요. 저를 믿어주셔서요." 하고 말했습니다.

그날 이후 아이는 아침 조회 후 담배를 제게 맡겨두었고, 어느새 학교에서만큼은 담배를 피우지 않았습니다.

시인 마야 안젤루는 "사람들은 당신이 한 말과 당신이 한 행동은 잊지만, 당신이 그들에게 어떻게 느끼게 했는가는 잊지 않는다."라고 말했습니다. 저는 이 말을 가슴에 새기며 오늘도 아이들과 5분 데이트를 합니다.

III부

씨앗 가꾸기

6장

협력적 팀워크 만들기

아이들은 소감문에 '나눔, 소통, 협력, 공감, 희망, 감사, 행복, 평화, 뿌듯함, 감동'이라는 의미 있고 가치 있는 단어들을 많이 남겼습니다.

28 커튼 콜

- **적정 인원** 30명 내외
- **활동 대상** 초등 이상
- **소요 시간** 20분 내외
- **가치 덕목** 소통, 즐거움
- **핵심 역량** 공동체 역량, 의사소통 역량

    이름은 누구에게나 특별합니다. 그래서 이름을 불러주는 것만으로도 서로에게 친근감을 줍니다.

    '커튼 콜'은 아이들 사이에 친 커튼을 내리면서 서로의 이름을 빨리 말하는 활동입니다. 커튼으로 인해 긴장감이 생겨 더욱 흥미롭습니다. 특히 학기 초에는 아이들이 서로의 이름을 잘 모르기 때문에 친해지는 데 시간이 걸립니다. 이럴 때 서로의 이름을 알아가는 게임을 하면 어떨까요? 그래서 이름을 알아가는 하는 학기 초에 적합한 활동입니다. 서로의 이름을 어느 정도 알고 있는 학기 중간에 실시해도 무난합니다.

▲ 커튼을 사이에 두고 친구들을 궁금해하는 아이들 모습

활동 방법

> **준비물** 교구로 제작되어 있는 '커튼 콜'(또는 넓은 천)

① 학급 아이들을 두 집단으로 나누고 그 사이에 커튼을 칩니다. 커튼을 잡을 학생은 따로 2명 뽑습니다.

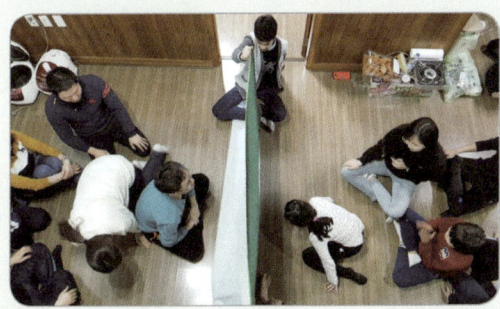

② 학생들은 커튼으로부터 약 1미터 정도 떨어진 위치에 옹기종기 모여 앉습니다. 이때 상대 팀이 안 보이도록 자세를 낮춥니다.

③ "시작!" 하면 양 팀에서 한 명씩 나와 커튼에 바짝 다가와 앉습니다. 이때 상대편에서 보지 못하도록 자세를 낮추고 나와야 합니다.

④ 교사는 준비가 되었는지 확인하고 "하나 둘 셋."을 외칩니다. 이와 동시에 커튼을 잡고 있는 학생들은 커튼을 재빨리 내립니다. 양팀의 선수는 상대의 얼굴을 보자마자 이름을 크게 부릅니다. 이름을 먼저 말하는 사람이 승리합니다.

⑤ 위 방식대로 약 5~7회 정도 반복하여 이긴 팀을 가립니다.

- 승리는 더 많이 이긴 팀에게 돌아갑니다. 점수는 한 번 이길 때 1점을 주는 방식으로 계산해도 되지만, 이긴 팀이 진 팀의 선수를 자기편으로 데리고 가는 방법도 좋습니다. 나중에 인원수를 세어 승패를 가르면 됩니다.
- 시간이 가능하다면 학생들이 모두 한 번씩은 해볼 수 있게 반복합니다.
- 상대편의 이름을 부르는 사람은 앞에 나와 있는 학생만 할 수 있습니다. 뒤에 있는 학생들이 이름을 부르면 규칙 위반이니 사전에 이 점을 알려줍니다.

하쌤의  이야기 톡톡

"상대가 먼저 내 이름을 부르면 그 순간 웃음이 터져 나옵니다.
이 활동의 묘미는 바로 여기에 있습니다."

   저는 학생들과 하는 팀 활동이나 외부 팀빌딩 연수에서 이 활동을 가장 먼저 합니다. 대부분의 집단은 서로의 이름을 잘 알고 있어서 처음에는 이 활동을 쉽게 생각합니다. 하지만 막상 두 사람 사이에 있는 커튼이 내려가는 순간 이름은커녕 멀뚱멀뚱 서로의 얼굴만 쳐다봅니다. 그때 상대가 먼저 내 이름을 부르면 그 순간 웃음이 터져 나옵니다. 이 활동의 묘미는 바로 여기에 있습니다. 이름이 갑자기 생각나지 않는 당황스러움 또는 민망하여 나오는 웃음입니다. 이럴 때 당사자뿐만 아니라 모두가 웃게 됩니다. 이렇게 분위기가 좋아지고 사람들의 마음도 열립니다.

   '커튼 콜' 게임은 서로의 이름을 잘 모르는 집단에서 해도 좋습니다. 그럴 때는 이름을 알아가는 시간을 가진 뒤에 시작하면 됩니다. 서로의 이름을 알고 있는 집단처럼 당황스러움과 웃음이 연출되지는 않지만, 이름을 말한 사람은 기쁨을 느끼고 말하지 못한 사람은 미안한 마음에 상대의 이름을 확실하게 기억합니다. 그래서 저는 집단을 대상으로 하는 팀빌딩을 할 때 '커튼 콜' 활동을 빼놓지 않고 합니다.

29

투게더 협력 글자 쓰기

- 적정 인원 4명~6명
- 활동 대상 초등 이상
- 소요 시간 20분 내외
- 가치 덕목 소통, 즐거움
- 핵심 역량 공동체 역량, 의사소통 역량, 갈등관리 역량

'투게더 협력 글자 쓰기'는 펜과 연결된 줄의 끝을 잡고 여럿이 글씨를 함께 쓰는 활동입니다. 펜에 연결된 긴 줄의 끝을 잡고 써야 하기 때문에 호흡이 서로 잘 맞아야 합니다. 한 사람이 잡아당기면 다른 쪽 사람은 풀어주어야 합니다. 특히 'ㅇ'을 쓸 때는 서로 획의 방향이 달라 애를 먹기도 합니다. 그럴 때는 먼저 상의하고 방향을 정한 후에 써야 합니다. '투게더 협력 글자 쓰기'는 친구들과 소통하고 협력하는 것을 경험할 수 있으며 적절한 힘 조절의 필요성도 알게 됩니다.

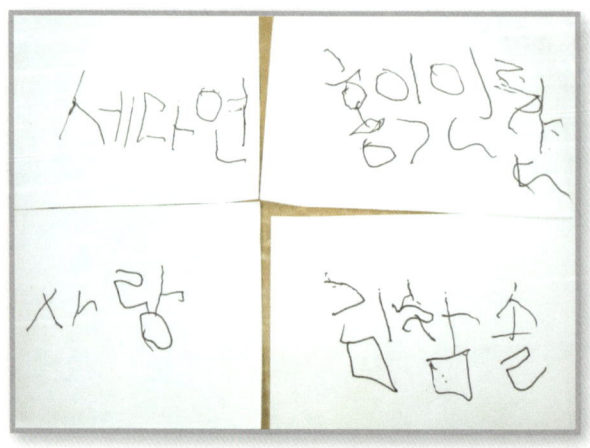

▲ 아이들이 함께 협력하여 쓴 글씨

활동 방법

> **준비물** 투게더 협력 글자 쓰기(교구), A4 종이, 포스트잇

① 모둠 가운데에 종이를 놓고, 종이가 밀리지 않도록 가장자리에 필통이나 핸드폰 등을 올려놓습니다.

② '투게더 협력 글자 쓰기(교구)' 가운데 부분에 마커펜을 밀어 넣습니다. 마커펜이 더 이상 들어가지 않는 지점에서 힘을 조금 더 주면 고정이 됩니다.

③ 모둠원들이 줄을 하나씩 잡은 상태에서 마커펜을 종이 위에 위치하도록 합니다.

④ 교사가 불러주는 단어나 문장을 씁니다.

⑤ 다 쓴 것은 모둠별로 칠판 앞에 붙여 전체가 공유합니다.

- 줄의 끝을 잡는 것이 이 게임의 원칙입니다. 그런데 게임이 진행될수록 손이 점점 줄 안쪽으로 가는 경우가 많습니다. 교사는 줄의 끝을 잡는 원칙을 자주 언급해줍니다.
- 단계별로 활동을 제시하는 것이 좋습니다. 1단계는 미로 빠져나오기, 2단계는 받침이 있는 2~4글자로 된 단어 쓰기, 3단계는 명언 같은 짧은 문장 쓰기입니다.
- 친구들의 이름을 모두 써보는 것도 친밀도를 높이는 효과가 있습니다.
- 학생들이 이 활동에 조금 익숙해지면 난이도를 높여보는 것도 추천합니다. 작은 종이를 주면 글자를 작게 써야 하기 때문에 더 집중하게 됩니다.

하쌤의  이야기 톡톡

"학생들은 글씨를 쓰면서 협력이 왜 필요한지,
협력하려면 어떻게 해야 하는지를 자연스럽게 배웁니다."

이 활동은 어린 학생부터 어른까지 모든 연령층에서 가능합니다. 여럿이 글씨를 쓰는 것은 매우 어렵습니다. 펜도 자기 마음대로 움직일 수 없습니다. 사람마다 글씨 쓰는 순서가 조금씩 다르기 때문입니다. 그래서 이 활동을 할 때는 어디서부터 시작할지, 어느 방향으로 언제 꺾어야 할지 의논하면서 쓸 수밖에 없습니다.

아무런 협의도 하지 않고 무작정 글씨부터 쓰는 팀이 있습니다. 글자 모양이 엉망인 건 당연합니다. 이럴 때 저는 학생들에게 왜 글자가 잘 안 써지는지 서로 이야기를 나눌 시간을 줍니다. 잠깐 이야기를 나누는 것만으로도 글자 모양이 확연히 달라집니다. 서로 협의하고 소통한 결과입니다. 이 활동을 통해 학생들은 글씨를 쓰면서 협력이 왜 필요한지, 협력하려면 어떻게 해야 하는지를 자연스럽게 배웁니다. 삐뚤삐뚤 써지는 글씨를 보며 웃음꽃이 피기도 합니다.

30 투게더 홀인

- 적정 인원 4명~6명
- 활동 대상 초등 이상
- 소요 시간 10~20분
- 가치 덕목 소통, 즐거움, 절제, 몰입
- 핵심 역량 공동체 역량, 의사소통 역량, 갈등관리 역량

'투게더 홀인'은 5개의 구멍이 뚫린 넓은 천의 가장자리를 잡고, 서로 협력하여 공과 같은 색깔의 구멍에 공을 넣는 게임입니다. 어떤 색깔의 공이 먼저 들어가느냐는 상관없습니다. 단, 구멍과 같은 색의 공이 들어가야 합니다. 5개의 공이 함께 움직이기 때문에 같은 색의 공을 구멍에 넣는 것은 결코 쉽지 않습니다. 다른 색깔의 공이 자꾸 딸려 들어갑니다. 이것은 바로 '투게더 홀인' 게임의 묘미입니다.

이를 통해 어떤 공을 먼저 넣을지 의논하게 되고, 공을 넣는 순간까지 다른 색깔의 공이 딸려 들어가지 않도록 조절해야 하는 긴장감도 느낄 수 있습니다. 협력과 소통을 체험할 수 있으며, 적절한 힘의 균형을 어떻게 유지하는지에 대한 감각도 갖게 됩니다.

▲ 공을 넣기 위해 협력하는 모습

 활동 방법

> **준비물**   투게더 홀인(교구) 또는 5가지 색의 구멍이 있는 넓은 천

❶ 각 모둠원들은 '투게더 홀인'의 가장자리를 잡고 팽팽하게 잡아당깁니다.

❷ 가운데 원에 5가지 색깔의 공을 모아 놓습니다.

❸ 공을 이리저리 옮기며 같은 색깔의 구멍에 하나씩 넣습니다. 공을 넣을 때는 반드시 같은 색의 구멍에 넣어야 합니다. 다른 색깔의 공이 들어가면 공을 모두 꺼내 처음부터 다시 시작합니다.

❹ 어떤 색깔의 공을 먼저 넣을지 모둠끼리 의논할 수 있습니다.

- 단계별로 활동을 진행해도 좋습니다. 처음에는 공의 개수를 2~3개로 하고, 그다음에는 5개를 놓고 해봅니다.
- 학생들이 이 활동에 익숙해지면 공 5개를 모두 넣는 데 걸리는 시간을 재고, 이를 단축해가는 것을 목표로 진행하면 긴장감과 재미가 배가됩니다.
- 각 색깔에 동물 이름을 붙이거나 모둠원의 꿈을 상징화하여 활동에 의미를 더 부여해 봅니다.
- 팀 대결을 진행하려면 5개의 공을 먼저 넣는 팀이 승리하는 것으로 규칙을 정합니다.
- 경쟁이 아닌 협력을 통한 목표 달성을 목적으로 할 때는 속도보다는 규칙을 지키면서 공을 구멍에 모두 넣으면 된다고 미리 말해줍니다.

하쌤의  이야기 톡톡

"학생들은 이 활동을 하면서 여러 상황에 끊임없이 직면합니다.
이를 통해 즐거움을 넘어 리더십과 팔로워십을 배우는 것입니다."

'투게더 홀인'은 다른 활동보다 아이들의 함성과 탄성을 많이 들을 수 있습니다. 그만큼 재미와 스릴이 있습니다. 또한 상황 변화에 따라 적절하게 대처하는 방법을 배울 수 있습니다.

예를 들어 녹색 공을 먼저 넣는 것이 낫다고 생각하면 그쪽으로 공을 몰아갑니다. 이때 생각대로 되지 않으면 어떻게 해야 할까요? 녹색 공을 넣고야 말겠다고 혼자 끝까지 고집하면 될까요? 아니면 더 잘 넣을 수 있는 공을 찾아야 할까요? 이럴 때는 상황의 변화를 빨리 파악하고 그에 맞는 판단을 내려 행동하는 것이 우선입니다.

이렇게 집단 안에서 의사결정을 할 때는 리더가 필요합니다. 리더의 결정을 따라주는 팔로워도 있어야 합니다. 리더와 팔로워가 조화를 잘 이루어야 결정한 사항을 제대로 행동으로 옮길 수 있습니다.

학생들은 이 활동을 하면서 여러 상황에 끊임없이 직면합니다. 이를 통해 즐거움을 넘어 리더십과 팔로워십을 배웁니다.

31

피사의 사탑 쌓기

- 적정 인원 4명~6명
- 활동 대상 초등 이상
- 소요 시간 20분 내외
- 가치 덕목 소통, 즐거움, 절제, 몰입
- 핵심 역량 공동체 역량, 의사소통 역량, 갈등관리 역량

'피사의 사탑 쌓기'는 협력밴드(동그란 고무줄에 긴 줄이 연결되어 있는 밴드)를 이용하여 14개의 나무기둥을 위로 쌓는 활동입니다. 탑의 높이가 올라갈수록 기울기가 커지고 무게 중심이 흔들립니다. 이러한 기울기를 보상하면서 무게 중심선을 따라 쌓아야 성공할 수 있습니다. 특히 손으로 잡는 줄과 고무줄을 연결하는 고리가 고정되어 있지 않고 움직이기 때문에 집중력과 협력이 필요합니다. 이 과정을 통해 갈등관리, 의사소통, 공동체 역량을 기를 수 있습니다.

▲ 흔들거리지만 무너지지 않는 피사의 사탑

활동 방법

> **준비물**   피사의 사탑 쌓기(교구)

① 받침대(빨강 또는 파랑) 하나를 가운데 놓고 나무기둥을 약 20cm 이상 떨어뜨려 놓습니다.

② 각 모둠원들은 '고무줄'과 연결되어 있는 줄을 잡습니다. 서로 잡아당기면 가운데 부분이 벌어지면서 동그랗게 공간이 생깁니다. 이 상태에서 나무기둥을 하나씩 조여서 잡고 옮긴 후 받침대 위에 올립니다.

③ 위 과정을 반복하여 나무기둥을 위로 쌓습니다. 단, 맨 아래 받침대가 약간 기울어져 있기 때문에 이 점을 감안해서 쌓아야 합니다.

- 단계별로 활동을 제시하면 좋습니다. 처음에는 손으로 쌓게 하고 어느 정도 적응이 되면 협력밴드를 이용해 쌓도록 합니다.
- 처음부터 목표를 높게 잡지 말고 5개→8개→10개→12개→14개로 점차 올려가는 것을 권장합니다.
- 포스트잇에 덕목이나 꿈 등을 써서 나무기둥에 붙인 뒤, 이를 정성들여 쌓아올리면서 의미를 부여하는 것도 좋습니다.
- 이 게임의 핵심 중 하나는 나무기둥을 잡았다 놓는 고무줄을 원에 가장 가깝게 벌렸다 놓았다 하는 것입니다. 이 연습은 사전에 조금 해놓는 것이 좋습니다.

응용하고 확장하기 투게더 협력 컵 쌓기

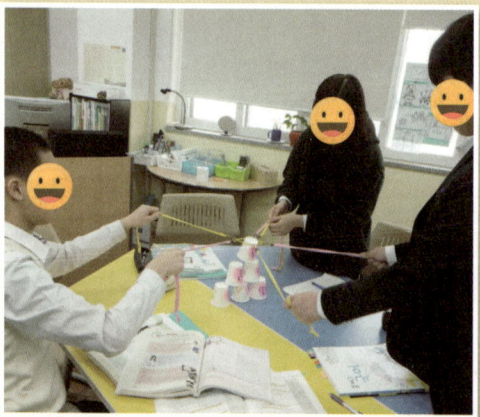

협력밴드를 이용하여 종이컵이나 플라스틱 컵을 쌓을 수 있습니다. 컵처럼 주변에서 쉽게 구할 수 있는 재료를 이용해 활동을 합니다. 방법은 '피사의 사탑 쌓기'와 동일합니다.

하쌤의 이야기 톡톡

"실패가 거듭되지만 그만큼 성공했을 때 기쁨도 큽니다.
실패를 딛고 성공했을 때 아이들의 환호성은 정말 대단합니다."

'피사의 사탑 쌓기'는 쉽게 보이지만 실제로 해보면 나무기둥을 위로 쌓을수록 더 어려워집니다. 그로 인해 실패가 거듭되지만 그만큼 성공했을 때 기쁨이 큽니다. 실패를 딛고 성공했을 때 아이들의 환호성은 정말 대단합니다. 세상을 다 얻은 듯한 표정입니다. 이 활동을 하면서 저는 아이들의 다양한 반응을 볼 수 있었습니다.

마음처럼 잘 안될 때 쉽게 포기하는 아이, 실수하는 친구에게 화를 내는 아이, 중간에 중단하고 작전을 주도하는 아이 등…. 이런 아이들을 보면 걱정이 되는 것도 사실입니다. 그러나 시간을 주면 결국 서로 적절한 타협점을 찾아 대부분 성공합니다. 그 순간 아이들은 언제 그랬냐는 듯 부정적 감정을 물리치고 기쁨과 성취감을 만끽합니다. 그래서 이 활동은 중간에 그만두지 않도록 시간을 충분히 갖고 진행하는 것이 좋습니다. 교사의 따뜻한 격려가 필요합니다.

32. 중심 잡기

- 적정 인원 4명~6명
- 활동 대상 초등 이상
- 소요 시간 20분 내외
- 가치 덕목 즐거움, 절제, 몰입, 끈기, 노력
- 핵심 역량 갈등관리 역량, 자기관리 역량

'중심 잡기'는 중력을 이용하여 물체를 세우는 활동입니다. 이때 무게 중심선이 잘 맞아야 물체의 중심을 잡을 수 있는데, 무게 중심선은 눈에 잘 보이지 않습니다. 자연히 여러 번 실패를 경험하게 되고 그때마다 다시 도전해야 합니다. '성공'에 관한 연구들을 보면, 성공에 결정적인 영향을 미치는 요소는 '실패를 경험했을 때 어떻게 대응하느냐'에 있다고 합니다. 실패를 경험했을 때 좌절하거나 포기하기보다 다시 도전하고 끈기 있게 노력하는 태도가 삶에 긍정적 영향을 미칩니다.

이러한 태도를 아이들에게 길러줄 수 있는 활동이 바로 '중심 잡기'입니다. 특히 이 활동은 개별로 할 수 있기 때문에 비접촉이 필요한 상황에서 안전하게 진행할 수 있습니다.

▲ 개별 활동이 가능한 '중심 잡기'

활동 방법

준비물   중심 잡기(교구)

① 중심 잡기 교구를 나눠준 뒤에 약 5분 동안 자유롭게 만져볼 수 있도록 합니다.

② 우드코인, 골프공, 린스틱 순으로 '단계별 과제'를 제시하고 모양을 만듭니다.

③ 각 단계별 모양 만들기가 끝나면 교구들을 섞어 만든 '도전 과제'를 제시하고 모양을 만들도록 합니다.

④ 도전 과제가 끝나면 교구를 자유롭게 활용하여 자신만의 모양을 창의적으로 만들어보도록 합니다.

단계별 과제

우드코인

1단계(초급) | 2단계(중급)
3단계(고급) | 4단계(최상급)

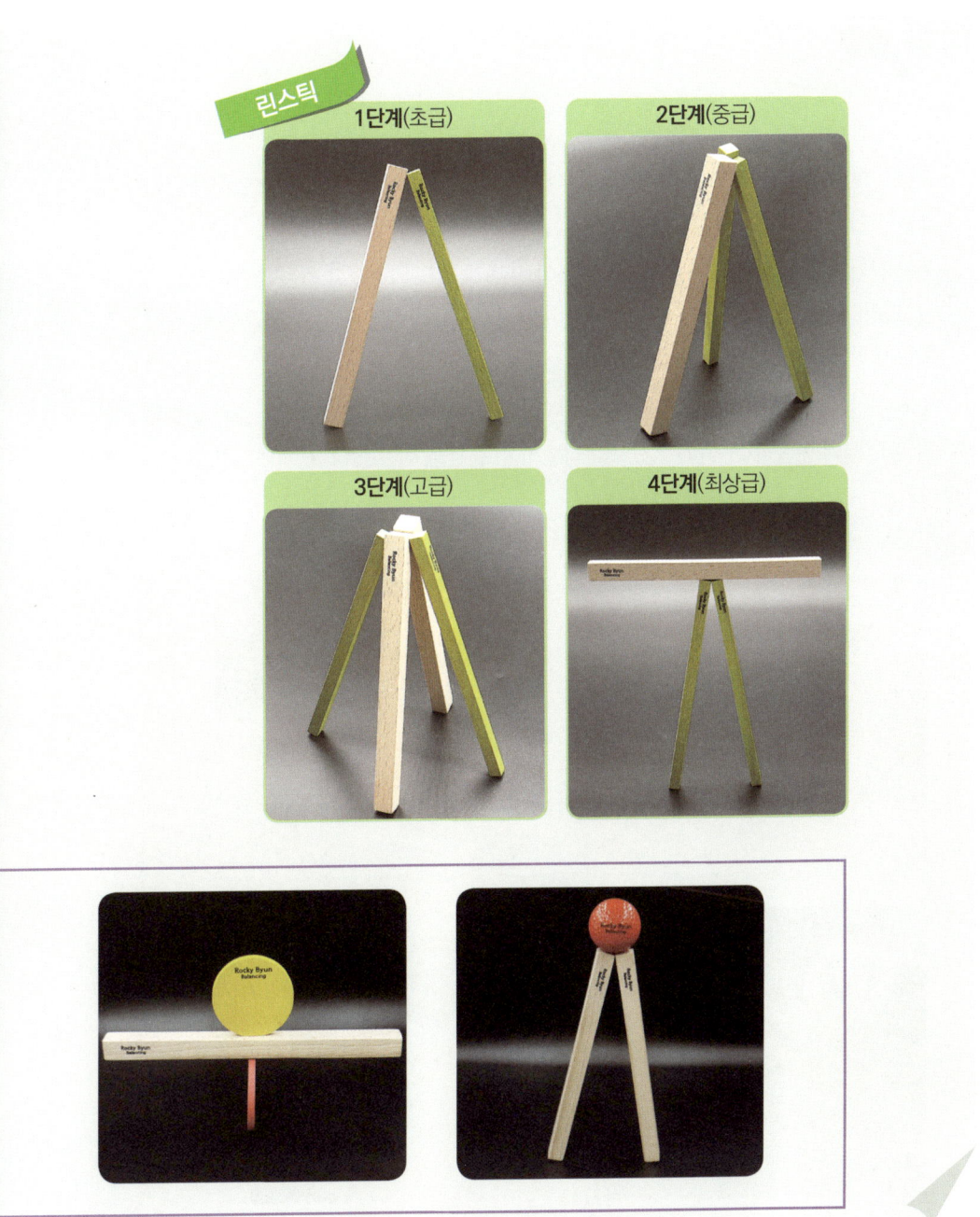

- 단계가 올라갈수록 난이도가 높아집니다. 3단계부터는 어려워진다는 점과 실패가 거듭된다는 점을 미리 알려줍니다.
- 중심 잡기는 경쟁 활동이 아닌데도 학생들이 서로 더 빨리 만들려고 하는 경향이 있습니다. 그러다 보면 긴장이 되어 오히려 중심이 더 흔들립니다. 시간을 충분히 주면서, 경쟁 활동이 아님을 중간중간 말해줍니다.
- 실패를 거듭하는 아이 옆에 다가가 격려하고 성공할 수 있도록 도와줍니다. 그런 아이들의 경우 실패 경험만 기억할 수 있으니 각별히 더 신경을 써야 합니다.

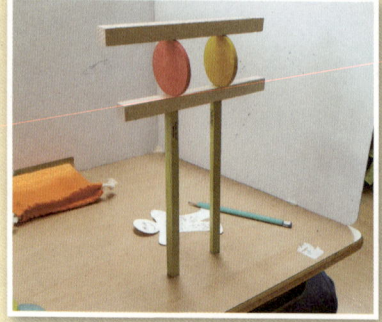

하쌤의  이야기 톡톡

> "실패에 대응하는 아이들의 방식을 면밀히 관찰할 수 있습니다.
> 나아가 실패에 대응하는 긍정적 태도를 경험시킬 수 있습니다."

학교에서 아이들을 만나다 보면 자신감과 끈기, 긍정적 사고, 노력 같은 가치를 많이 강조하게 됩니다. 학습이나 친구관계에서 좋은 결과를 얻기 위해서는 이러한 가치가 필요하기 때문입니다. 특히 우울이나 무기력 같은 심리적 상태에 있는 아이들은 대체로 새로운 것에 도전하는 것을 두려워하고 쉽게 포기합니다. 그리고 부정적인 생각을 많이 하고 있습니다. 그래서 말보다는 경험을 통해 스스로 깨우쳐가는 것이 효과적입니다. 그 방법으로 찾은 것이 바로 '중심 잡기' 활동입니다.

앞에서도 언급했듯이 중심 잡기는 물체가 기울지 않도록 중심을 잡는 활동이어서 여러 번 실패를 하게 됩니다. 그래서 실패에 대응하는 아이들의 방식을 면밀히 관찰할 수 있습니다. 나아가 실패에 대응하는 긍정적 태도를 경험시킬 수 있습니다. 실제로 중심 잡기 활동을 한 후 "배운 가치가 무엇인가?"라고 물으면 학생들은 '희망, 열정, 끈기, 노력, 창조, 용기, 도전, 참을성, 긍정' 같은 가치를 가장 많이 언급합니다.

자존감이 낮은 아이들, 학습이나 친구 관계로 인해 상처를 받은 아이들을 위한 활동을 고민하는 선생님들께 중심 잡기 활동을 추천드립니다.

33 투게더 순간 이동

- 적정 인원 4명~6명
- 활동 대상 초등 이상
- 소요 시간 20분 이상
- 가치 덕목 소통, 즐거움, 절제, 몰입
- 핵심 역량 공동체 역량, 의사소통 역량, 갈등관리 역량

'투게더 순간 이동'은 4명~6명이 일정하게 간격을 벌려 동그랗게 서서 스틱(약 1m)을 이용하여 옆으로 한 칸씩 이동하는 활동입니다. 자신이 들고 있는 스틱을 놓으며 옆으로 이동하고, 옆 사람이 놓고 간 스틱을 넘어지기 전에 잡습니다. 이렇게 모둠원 전체가 한 명도 실수하지 않고 이동하면서 스틱을 잡으면 성공입니다. 이러한 방법으로 한 칸씩 움직여 원래 자기 자리로 돌아오면 끝납니다. 이 활동은 모둠원들끼리 일사분란하게 움직여야 성공할 수 있기 때문에 동작을 일치시켜야 하며, 각자의 순발력도 요구됩니다.

▲ 순발력이 필요한 '투게더 순간 이동'

활동 방법

> **준비물** 투게더 순간이동스틱(교구), 또는 1m짜리 스틱

❶ 모둠원들이 스틱을 하나씩 가지고 옆 사람과 어깨너비 정도의 간격을 유지한 채 동그랗게 섭니다.

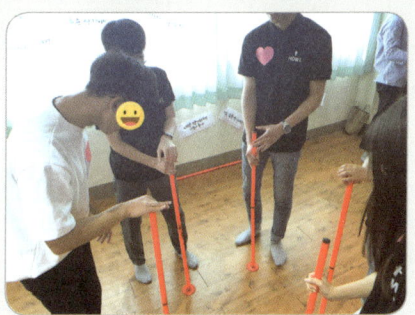

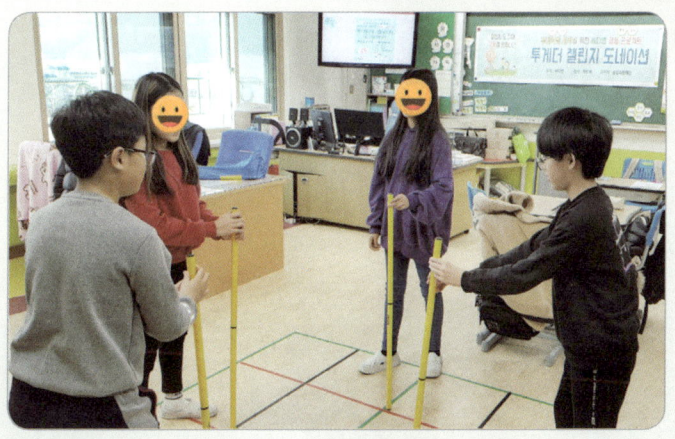

❷ 모둠장이 "하나 둘 셋!" 하고 구령을 하면 모둠원들은 자기 앞에 있는 스틱을 놓고 오른쪽으로 재빨리 이동해 옆 사람이 놓은 스틱을 잡습니다. 이때 모둠원 중 한 명이라도 스틱을 바닥에 떨어뜨리면 그 자리에서 처음부터 다시 시작합니다. 한 명도 스틱을 바닥에 떨어뜨리지 않고 본인이 시작했던 자리로 돌아오면 성공입니다.

활용 TIP

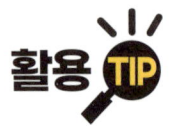

- 처음에는 연습삼아 두세 사람끼리 해본 후 인원을 늘려가는 것이 좋습니다.
- 시작하는 타이밍이 중요합니다. 시작할 때 모둠장만 구령을 하는 것보다 다 같이 합창으로 “하나, 둘, 셋” 하면 타이밍을 잘 맞출 수 있습니다.
- 게임이 반복될 때마다 원의 크기가 줄어드는 경우가 자주 있습니다. 훌라후프 또는 원형 마커를 바닥에 놓고 게임을 하면 원 모양을 잘 유지할 수 있습니다.

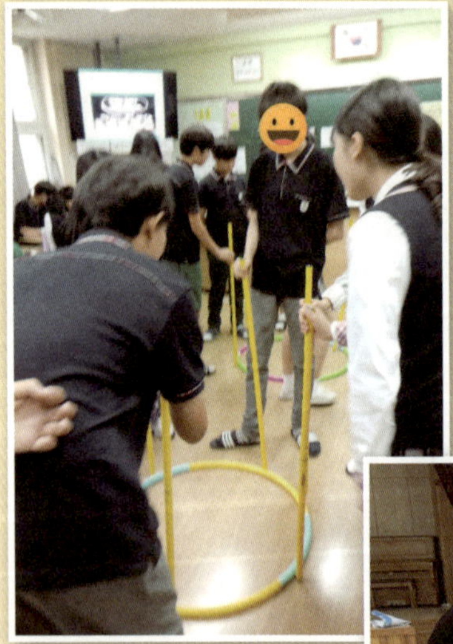

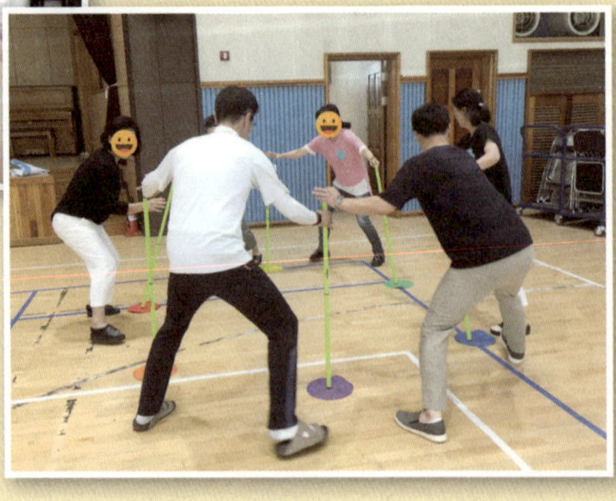

하쌤의 이야기 톡톡

"처음에는 누구나 실수하고 잘못할 수도 있다고 말하면서
마음의 예방주사를 놓습니다."

이 활동은 교사가 아이들의 움직임이나 실수에 어떻게 반응할 것인지 미리 생각을 하고 있어야 합니다. 아주 짧은 순간에 일치된 동작을 해야 하기 때문에 순발력이 조금 떨어지는 아이들은 실수할 수 있습니다. 그때 비교적 잘하는 아이들이 답답해하거나 비난하는 말을 하기도 합니다. 이런 모습을 묵과하고 활동만 진행하면 상처받는 아이들이 생깁니다. 이런 활동을 하다 보면 승부욕이 높은 아이들과 그렇지 않은 아이들 사이에서 갈등이 자주 일어납니다. 이때 교사가 먼저 알고 잘 대처해야 합니다.

저는 이 활동을 하기 전에 "처음에는 누구나 실수하고 잘 못할 수도 있다."라고 말하면서 마음의 예방주사를 놓습니다. 그리고 친구가 실수할 때 그를 향해 "실수 OK!"라고 다 같이 말하자고 제안합니다. 이런 준비와 규칙을 마련하고 진행했을 때와 그렇지 않았을 때의 차이는 매우 큽니다.

34 투게더 빙고

- 적정 인원 4명~6명
- 활동 대상 초등 이상
- 소요 시간 20분 내외
- 가치 덕목 소통, 즐거움, 절제, 몰입
- 핵심 역량 공동체 역량, 의사소통 역량, 갈등관리 역량

'투게더 빙고'는 앞 사람의 성공과 실패를 바탕으로 공동의 목표에 도달하는 협력 활동입니다. 이 활동의 목표는 심판만 알고 있는 '정답의 길'을 참가자들이 찾아가는 데 있습니다. 투게더 빙고판에는 길이 표시되어 있지 않습니다. 어디에서 시작하고 어떤 곳을 지나 어느 쪽으로 빠져나와야 하는지 알 수 없습니다. 참가자들은 한 명씩 도전하여 앞 사람들이 성공하고 실패한 것들을 단서로 삼아 새로운 길을 찾아야 합니다. 이렇게 반복하다 보면 마침내 길을 찾아 빙고판을 빠져나올 수 있습니다. 길을 찾는 과정을 통해 사회적 인성 역량에 해당하는 공동체, 의사소통, 갈등관리 역량을 기를 수 있습니다.

▲ 미지의 길을 찾아가는 아이들

 활동 방법

> **준비물** 투게더 빙고(교구) 또는 테이프 등으로 그린 5×5 칸, 정답지

① 학생들에게 활동 방법과 규칙을 설명합니다.

② '투게더 빙고판'을 교실 가운데에 놓고 학생들은 출발선에 섭니다. 심판 역할을 하는 교사는 도착선에 위치합니다.

[사전 규칙]
- 첫 번째 줄에서 시작합니다.
- 전체가 미로를 통과해야 승리합니다.
- 서로 말을 할 수 없습니다.
- 학생들은 정해진 길(정답의 길)을 찾아야 합니다. 단, 정해진 길은 심판만 알고 있습니다.
- 전체 인원이 한쪽에서 다른 쪽 방향으로 진행해야 합니다.

③ 순서는 번호가 빠른 학생부터 시작합니다. 첫 번째 학생이 '투게더 빙고판'의 첫 번째 라인 5칸 중 하나의 칸에 올라섭니다. 이때 교사는 길이 맞으면 "빙고!", 틀렸으면 "땡!"이라고 말합니다.

④ '빙고'를 받은 사람은 계속 진행합니다. '땡'을 받은 사람은 퇴장하고, 다음 사람이 처음부터 시작합니다. 어떤 칸이 맞고 틀린지 함께 기억해야 합니다. 그렇게 하다 보면 점점 '정답의 길'을 알게 되고, 마침내 빙고판을 통과하게 됩니다.

⑤ 위와 같이 모든 참가자가 번호 순으로 반복하면서, '정답의 길'을 밟고 투게더 빙고판을 빠져나오면 끝납니다.

- 빙고판에 스토리를 입혀서 이렇게 이야기해주면 어떨까요?

  예 "자, 여러분! 지금 우리는 위험한 정글에서 길을 잃었습니다. 날은 점점 어두워지고 있습니다. 멀리서 사자, 늑대 소리가 들립니다. 어두워지기 전에 모두가 안전하게 정글을 탈출해야 하는 상황입니다. 그런데 아무도 길을 제대로 알지 못합니다. 그래서 우리 모두가 도전해서 길을 찾을 수밖에 없습니다. 자, 지금부터 길을 찾아봅시다."

- 승자와 패자로 나누기보다는 이 활동을 통해 배운 것이 무엇인지 씨앗모아 카드에서 덕목을 찾아봅니다.

> "다른 사람의 실패가 나의 성공을 가능하게 해주며,
> 나의 실패가 또 다른 사람의 성공을 가능하게 해주었다."

　이 활동의 장점은 반 전체가 동시에 할 수 있다는 점입니다. 한 명도 빠짐없이 모두 통과해야 하기 때문에 무임승차하는 사람이 없습니다. 특히 앞사람의 성공과 실패를 통해서만 길을 알아낼 수 있다는 점을 생각해볼 수 있도록 하면 아이들은 많은 것을 깨닫게 됩니다.

　저는 주로 게임이 끝난 후 이런 질문을 해봅니다. "우리가 알지 못했던 길을 어떻게 찾을 수 있었지?", "내가 길을 찾게 된 것은 누구의 도움이 있었지?", "길을 찾는 과정에서 타인의 성공과 실패가 어떤 도움이 되었지?", "자신의 실패와 성공은 다른 사람들이 길을 찾는데 어떤 도움을 주었지?" 등등.

　한번은 한 아이가 "다른 사람의 실패가 나의 성공을 가능하게 해주었고 나의 실패가 또 다른 사람의 성공을 가능하게 해주었다."라고 말했습니다. 아이들은 어디를 가나 늘 경쟁 상황에 놓여 있습니다. 그 속에서 살다 보면 내가 성공하려면 다른 사람이 실패해야 하고, 내가 실패하면 다른 사람이 성공한다는 생각을 하게 됩니다. '투게더 빙고' 활동은 이런 생각에 변화를 줄 수 있는 힘이 있습니다.

35 한마음 가치 쌓기

- 적정 인원 모둠별 3~6명
- 활동 대상 초등 이상
- 소요 시간 30분 내외
- 가치 덕목 협동, 도전, 믿음
- 핵심 역량 의사소통 역량, 공동체 역량

인성이 중시되는 시대입니다. 2016년 스위스 다보스에서 열린 세계경제포럼에서 미래 사회의 핵심 역량으로 소프트 스킬의 중요성을 강조하며, 이를 4C(비판적 사고력·Critical thinking, 창의력·Creativity, 의사소통 능력·Communication, 협업 능력·Collaboration)로 제시했습니다. 협업 능력의 관점에서 보면, 협업적 인성이 바탕이 되어야 빠르게 발전하고 있는 기술을 올바른 방향으로 이끌 수 있습니다.

'한마음 가치 쌓기' 활동은 함께 소통하고 협력하여 목표를 성취하는 경험을 할 수 있으며, 공동체 속에서 '같이'의 가치도 느낄 수 있습니다.

▲ 한마음으로 가치를 쌓고 있는 아이들

✏️ 활동 방법

> 💬 **준비물** 가치 덕목 보팅판, 보팅용 스티커, 종이컵(또는 플라스틱 컵) 6개, 고무밴드, 털끈(또는 투게더 협력밴드 교구), 포스트잇, 네임펜 등

1. 가치 보팅판을 칠판에 게시하고, 맨 위에 적절한 제목을 붙입니다.
   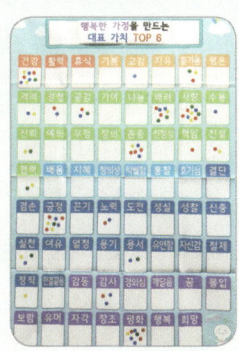
   예) 행복한 가정을 만드는 대표 가치 TOP 6
2. 행복한 가정을 위해 꼭 필요하다고 생각하는 가치 3개에 스티커를 붙입니다.
3. 스티커 개수를 확인하여 행복한 가정의 대표 가치 TOP 6을 선정합니다.
4. 교사는 선정된 대표 가치 6개를 칠판에 적습니다.

5. 선정된 가치를 포스트잇에 적어서 모둠별로 준비한 6개의 종이컵에 붙이고, 종이컵을 일렬로 배치합니다.
6. 모둠별로 토의하여 가치들의 순위를 매깁니다.
7. 모둠원들은 협력밴드(교구) 줄을 각각 잡고, 함께 가치 탑을 쌓습니다. 공감 토의를 통해 선정한 3순위 가치 3개는 1층에, 2순위 2개는 2층, 1순위 1개는 맨 위에 쌓습니다.
8. 가치 탑을 쌓은 후, 모둠별로 돌아가며 맨 위에 올린 가치의 이름과 선정한 이유를 이야기합니다.
9. 친구들과 함께 가치 탑을 쌓으면서 느낀 점을 이야기하는 시간을 갖습니다.

- 행복한 학급을 위해 필요한 가치 또는 교과서 속에 나오는 등장인물에게 필요한 가치를 골라서 가치 탑을 쌓는 등 다양하게 활용할 수 있습니다.
- 탄력이 있는 고무밴드에 끈을 연결해서 사용하거나 교구를 구입합니다.
- 처음 도전할 때는 종이컵 6개를 모두 뒤집어 놓고 탑을 쌓습니다. 성공한 후에는 난이도를 올려 종이컵 6개 중 일부는 뒤집어 놓고, 나머지는 바로 놓고 활동합니다. 교사는 여기까지만 설명해주고, 이후에는 학생들끼리 의논하여 미션을 성공하도록 합니다.
- 가치의 개수는 학급 환경에 따라 적절히 바꾸어도 됩니다.

응용하고 확장하기 사람들을 돕는 직업에 필요한 가치 고르기

모둠별로 '사람들에게 도움을 주는 직업' 6개를 선정해 포스트잇에 적습니다. 토의를 통해 순위를 정하고, 모둠원이 함께 탑을 쌓습니다. 그리고 맨 위에 올린 직업이 왜 가장 가치 있는 직업인지 소개합니다.

이어서 1순위로 선정된 직업은 어떤 가치가 필요한지 6개를 선정해 위와 같은 방법으로 탑을 쌓습니다. 맨 위에 있는 가치가 왜 가장 중요한지 소개합니다.

백쌤의 이야기 톡톡

"최근 기업들은 '소통과 협력' 능력을 최고로 꼽습니다.
학생들은 교실에서 소통과 협력의 가치를 경험해볼 수 있는
다양한 활동들을 해보아야 합니다."

　지난 2018년 대한상공회의소에서 국내 100대 기업을 대상으로 '기업에서 요구하는 인재상'을 조사했는데, '소통과 협력'이 '전문성'을 제치고 1위에 올랐습니다. 해당 분야의 전문 지식이나 도전 정신도 중요하지만, 그보다는 소통과 협력의 가치가 구성원의 기본적인 가치 역량으로 자리매김해야 하며, 그렇게 함으로써 조직의 역량이 동반 상승할 수 있다는 점에 점수를 더 얹은 듯합니다. 학생들도 학급에서 소통과 협력의 가치를 경험해볼 수 있는 다양한 활동들을 해보아야 합니다.

　'한마음 가치 쌓기'는 학생들이 소통하고 협력하면서 목표를 함께 이뤄내는 경험을 해봄으로써 의사소통 역량과 공동체 역량을 높이는 좋은 사례입니다. 특히 놀이적 성격이 많이 가미되어 있기 때문에 학생들이 흥미를 갖고 활동을 합니다. 이 활동은 가치에 중심을 두고 다양한 직업과 인물, 주제를 생각해볼 수 있다는 큰 장점이 있습니다.

36 스토리텔링 인성동화 쓰기

- 적정 인원 모둠별 6명
- 활동 대상 초등 이상
- 소요 시간 40분 내외
- 가치 덕목 협동, 공감, 지혜
- 핵심 역량 의사소통 역량, 심미적 감성 역량

　동화책이나 그림책은 인성교육 함양에 매우 효과적입니다. 이미 많은 교사들이 학교 현장에서 인성교육에 이야기책을 접목하여 교육활동을 하고 있습니다. 이야기책 속에는 경이로운 요소들이 군데군데 숨어 있으며, 다양한 성격을 가진 등장인물들이 등장하고 환상적인 사건이 펼쳐집니다. 학생들은 이런 이야기를 통해 공감, 존중, 협력, 배려, 실천 등 많은 가치들을 익히고 내면화할 수 있습니다.

　'스토리텔링 인성동화 쓰기'는 동화책이나 그림책의 그림을 보고 우리만의 이야기를 함께 만들어보는 활동입니다. 각각의 그림을 자세히 살펴보고 가치 씨앗을 넣어 인성 친화적인 이야기를 만들어봅시다.

 활동 방법

> **준비물**   가치 목록표(또는 씨앗모아 카드), 그림 학습지, 필기도구 등

❶ 인성교육에 활용할 만한 동화책(그림책)을 고릅니다.

❷ 이야기의 주요 장면을 넣어 활동지를 만들고, 하단에는 글을 쓸 수 있는 칸을 만듭니다.

가치 씨앗 넣은 스토리텔링 모둠별 인성동화 만들기 모둠: 이름:	가치 씨앗 넣은 스토리텔링 모둠별 인성동화 만들기 모둠: 이름:
• 아래 그림을 보고 가치 씨앗을 넣어 이야기를 만들어 보세요.	• 아래 그림을 보고 가치 씨앗을 넣어 이야기를 만들어 보세요.
①	②
①	②

201

❸ 교사는 동화책(그림책) 속 주요 그림을 넣은 활동지를 만들어 나눠줍니다. 모둠별로 가치 목록표(씨앗모아 카드)도 배부합니다.

❹ 모둠원들이 활동지 속 그림을 살펴봅니다. 등장인물의 생김새와 행동, 표정, 주변 배경 등을 자세히 관찰합니다.

❺ 각자 작가가 되어 활동지 하단에 이야기를 적어봅니다. 이때 가치 씨앗을 각 장면(이미지)마다 1개 이상 넣습니다.

❻ 이야기를 만든 후, 모둠원들이 활동지를 순서대로 배열하고, 이야기를 함께 살펴보며 검토합니다.

❼ 모둠별로 이야기를 친구들에게 소개합니다. 발표를 할 때는 등장인물의 말투와 표정, 동작을 적절하게 사용합니다.

- 가급적 분량이 짧은 책을 선정합니다.
- 활동지 하단에는 그림 순서를 표시합니다.
  > 예 한 모둠이 6명인 경우: 12장의 활동지를 만들어 1명당 2장씩 이야기를 적습니다. 6장의 그림을 준비해서 1명당 1장씩 써도 됩니다.
- 그림에 나오는 등장인물이나 사물에 이름을 지어주어도 좋습니다.
- 활동지를 모둠 책상에 순서대로 펼쳐놓고 모둠원들이 그림을 살펴보도록 합니다.
- 자신이 맡은 부분이 다른 친구들의 이야기와 잘 연결될 수 있도록 합니다.
- 발표가 다 끝난 뒤, 원작과 모둠이 만든 이야기를 비교하며 읽습니다.
- 이야기에 넣은 가치 씨앗들의 의미를 생각하면서 활동을 마무리합니다.
- 교과서에 있는 작품 속 그림들을 활용해 이야기를 만들어도 좋습니다.

백쌤의 이야기 톡톡

"친구들과 적극적으로 소통하면서 만든 이야기가 매끄럽게
연결될 때 지금까지와는 다른 기쁨을 느낄 수 있습니다."

　동화책(그림책)은 인성 친화적인 면에서 훌륭한 교육 도구로서 그 가치를 인정받고 있습니다. 학생들은 이야기를 읽으면서 삶의 지혜와 성찰의 경험은 물론, 이야기 속 등장인물을 통해 풍부한 감정을 교류할 수 있습니다. 또한 이야기 속 그림을 가지고 자신만의 상상력을 발휘하며 미지의 세계로 나아가 또 하나의 이야기를 만들 수도 있습니다. 친구들과 적극적으로 소통하면서 만든 이야기가 매끄럽게 연결될 때 아이들에게 지금까지와는 다른 기쁨을 줄 수 있을 것입니다.

37 우리의 꿈! 같이 나르기

- 적정 인원 모둠별 6명
- 활동 대상 초등 이상
- 소요 시간 60분 내외
- 가치 덕목 몰입, 협동, 도전
- 핵심 역량 공동체 역량, 의사소통 역량

오연호 작가는 『우리도 사랑할 수 있을까?』에서 "내가 행복하려면 우리가 행복해야 한다."라고 말했습니다. 또 "내가 잘되는 것은 절반의 행복일 뿐이고, 우리가 잘되어야 진정한 행복을 누릴 수 있다."라고 했습니다. 우리가 함께 행복해지는 것! 이것이 결국은 나의 마음이 사랑으로 채워지는 지름길이 아닐까요?

'우리의 꿈! 같이 나르기'는 공동의 목표를 달성하기 위해 함께 도전하고, 실패하는 과정도 함께 겪는 활동입니다. 아울러 반복되는 시도를 통해 성취의 순간을 경험하는 것이 목표입니다. 이러한 과정을 통해 '더불어 살아가는 힘'을 키우고, 나아가 관계의 중요성을 깨닫게 됩니다.

▲ 성공도 함께! 실패도 함께!

 활동 방법

> **준비물** 반으로 자른 PVC 파이프, 구슬(투게더 파이프 교구), 작은 바구니(또는 컵), 마인드업 스티커, 포스트잇 등

① 학급의 모든 학생들이 참여합니다.

② 반으로 자른 PVC 파이프, 구슬, 작은 바구니 등을 준비합니다.

③ 학생들은 파이프를 1개씩 갖고, 구슬이 잘 굴러가도록 파이프를 잘 연결해서 길을 만듭니다.

④ 학생들 중 3~4명은 친구들이 파이프를 잘 연결해 길을 만들 수 있도록 도와줍니다.

⑤ 교사가 구슬을 맨 앞에 있는 PVC 파이프 위에 올려놓으면, 해당 학생은 구슬을 옆 파이프로 잘 연결하고, 맨 끝으로 가서 파이프를 다시 연결합니다.

⑥ 구슬이 떨어지면 해당 파이프를 들고 있던 학생이 주워서 맨 앞에 있는 친구의 파이프 위에 올려 다시 시작합니다.

⑦ 릴레이 형식으로 계속 진행하여, 구슬이 작은 바구니에 들어가면 활동이 종료됩니다.

⑧ 활동이 끝나면 모둠별로 느낀 점을 적고 발표합니다.

- 전체 학생들에게 역할을 주면 더 의미 있는 활동을 할 수 있습니다. 예를 들어, 4~5명은 '꿈도우미', 나머지 학생들은 '꿈지기', 구슬은 '우리의 꿈', PVC 파이프는 '꿈길' 등으로 의미를 부여하면 더 알찬 경험을 해볼 수 있습니다.
- 구슬(우리의 꿈)을 나르는 방법을 자세히 설명하면서 서로의 소통과 협력이 중요함을 강조합니다.
- 처음에는 꿈길을 짧은 거리로 만들어서 활동을 하고, 이 미션을 성공한 후에는 난이도를 높여 조금 더 긴 곡선으로 꿈길을 만듭니다. 또는 꿈상자(작은 바구니)를 계단 아래에 두어 꿈길의 기울기를 조절해도 좋습니다.
- PVC 파이프 대신 책(교과서나 학급 도서)을 사용할 수 있습니다. 책의 가운데 부분을 펴서 반대로 접어 하트 모양을 만들고 공이 굴러갈 수 있도록 합니다. 이때 '우리의 꿈'은 구슬 대신 탁구공을 사용합니다.

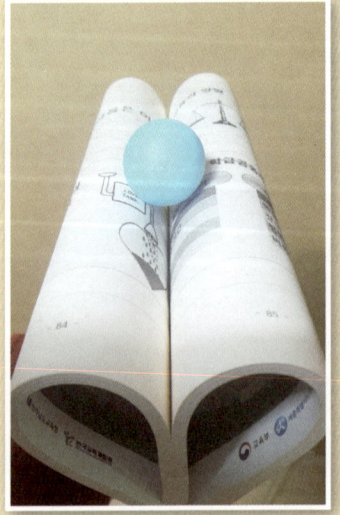

백쌤의  이야기 톡톡

"어려움은 나 혼자가 아닌 우리가 함께 했을 때
해결할 수 있다는 것을 몸으로 익힙니다."

  학생들의 마음 근육을 따뜻하고 단단하게 하기 위해서는 공동체 생활 속에서 실수하고 실패하는 경험을 자주 겪어야 합니다. 이러한 경험을 통해 학생들은 주어진 '조건'에 쉽게 매몰되지 않으며 '가능성'의 가치를 인식하게 됩니다. 아울러 어려움은 나 혼자가 아닌 우리가 함께 했을 때 해결할 수 있다는 것을 몸으로 익힙니다.

  학생들은 '우리의 꿈! 같이 나르기' 활동을 통해 자신이 공동체의 소중한 구성원이며, 공동체의 꿈은 구성원 각자의 역량과 성품이 조화를 이룰 때 달성할 수 있다는 점을 배울 수 있습니다.

38 팀 빌딩과 나눔 챌린지

- 활동 대상 중등 이상
- 소요 시간 90분 내외
- 가치 덕목 나눔, 즐거움
- 핵심 역량 공동체 역량

배우 오드리 햅번은 아들에게 쓴 편지에서 이렇게 말했습니다. "기억하라! 만약 네가 도움을 주는 손이 필요하다면 너의 팔 끝에 있는 손을 이용하면 된다. 네가 더 나이가 들면 손이 두 개라는 것을 발견하게 될 것이다. 한 손은 너 자신을 돕는 손이고 다른 한 손은 다른 사람을 돕는 손이다."

나눔이 즐겁고 아름다운 것임을 체험을 통해 알아가는 것은 학생들에게 대단히 중요합니다. '팀 빌딩과 나눔 챌린지'는 학급 학생들 모두가 함께 참여하는 나눔 활동입니다. 모두가 즐겁고 신나게 참여할 수 있는 '놀이를 통한 나눔'이라는 점에 의미가 있습니다.

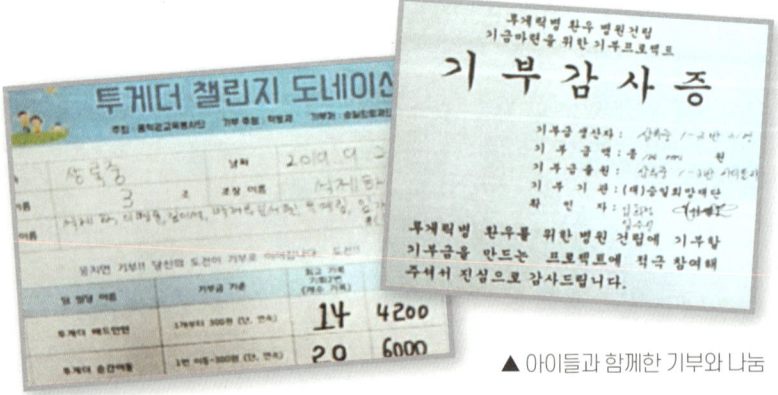

▲ 아이들과 함께한 기부와 나눔

활동 방법

> **준비물** 나눔 챌린지 안내문, 팀 빌딩 도구, 도네이션 양식

① 교사는 나눔 챌린지 안내문을 칠판에 붙입니다.

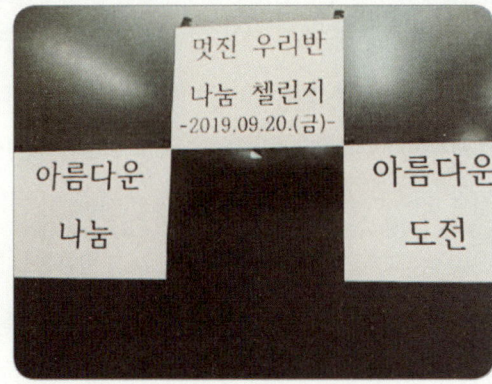

② 학생들은 4인 1조 또는 6인 1조로 모둠을 만듭니다.

③ 교사는 팀 빌딩 도구와 종류, 활동 과정을 설명합니다.

④ 교사는 미션으로 홀인원, 탑 쌓기, 중심 잡기, 보자기 배드민턴 놀이를 소개합니다.

⑤ 학생들은 미션을 수행한 후 기부 금액을 계산하여 기부할 단체에 보냅니다.

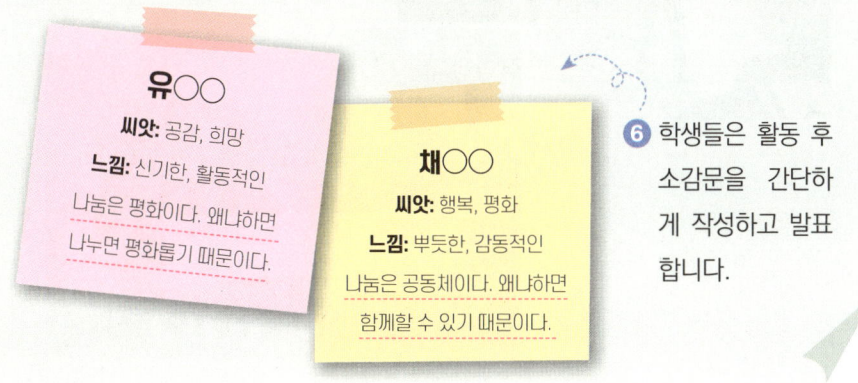

⑥ 학생들은 활동 후 소감문을 간단하게 작성하고 발표합니다.

유○○
씨앗: 공감, 희망
느낌: 신기한, 활동적인
나눔은 평화이다. 왜냐하면 나누면 평화롭기 때문이다.

채○○
씨앗: 행복, 평화
느낌: 뿌듯한, 감동적인
나눔은 공동체이다. 왜냐하면 함께할 수 있기 때문이다.

- 나눔 챌린지의 목적과 의미에 대해 이야기를 나눕니다.
- 교사는 팀 빌딩을 할 수 있는 간단한 미션을 4개 정도 소개합니다.
- 학생들은 홀인원, 중심 잡기, 탑 쌓기, 보자기 배드민턴을 팀원들끼리 연습합니다.
- 팀별로 미션을 수행할 때마다 기부 금액을 정합니다.
- 미션을 할 때 '서로 격려하기' 등 작은 약속을 정합니다.
- 학급 회의를 통해 기부금 보낼 단체를 정합니다.
- 나눔 챌린지 후 소감문을 간단하게 쓰고 발표합니다.
- 교사는 학생들의 소감문을 학교생활기록부의 행동발달 부분에 인성 관련 특기사항으로 기록해줍니다.

> "아이들은 활동 후 소감문에 '나눔, 소통, 협력,
> 공감, 희망, 감사, 행복, 평화, 뿌듯함, 감동'이라는 의미 있고
> 가치 있는 단어들을 많이 남겼습니다."

　사랑과 헌신의 아이콘인 오드리 햅번은 "인생에서 놓치지 말아야 할 최고의 것은 '서로'이다."라고 말했습니다. 저는 평소 학생들에게 오드리 햅번의 아름다운 선행에 관한 이야기를 자주 합니다.

　제가 몸담고 있는 '세다연(전국인성교사모임)'에서는 학생들에게 나눔의 가치를 어떻게 가르치면 좋을까 고민했습니다. 머리를 맞대고 함께 고민한 끝에, 아이들이 신나게 도전할 수 있는 '놀이'를 통해 나눔을 경험할 수 있도록 해보자는 의견이 모아졌습니다.

　2019년 반 학생들에게 나눔 미션을 제안했고, "선생님, 아주 좋아요."라는 긍정적인 답들이 돌아왔습니다. 학생들은 생각보다 더 즐겁게, 아주 열심히 미션들을 수행했습니다. 우리는 미션을 달성한 후 기부금을 계산했고 그 돈으로 루게릭병 환우들을 도왔습니다. 그 금액은 담임인 제가 기꺼이 부담했습니다. 아이들은 즐거운 활동을 통해, 저는 금액을 부담하여 나눔과 연대를 실천했습니다.

　아이들은 소감문에 '나눔, 소통, 협력, 공감, 희망, 감사, 행복, 평화, 뿌듯함, 감동'이라는 의미 있고 가치 있는 단어들을 많이 남겼습니다. 체험이 언어화되는 순간이었습니다. 저는 그 글들을 읽고 또 읽었습니다.

Ⅲ부

씨앗 가꾸기

7장
명언·명구 활용하기

교육은 '생각을 이끌어내는 것'입니다.
아이들의 마음속에 무엇이 들어 있는지
끊임없이 끄집어내는 일입니다.

39

이미지와 글 카드 만들기

- **활동 대상** 중등 이상
- **소요 시간** 20분 내외
- **가치 덕목** 긍정, 성찰
- **핵심 역량** 심미적 감성 역량

　베리 코빈은 『10대를 몰입시키는 뇌기반 수업원리 10』에서 "학습 환경에서 신뢰와 수용, 온정과 안전함 등 긍정적인 정서를 느낄 수 있어야 한다. 우리는 교육자로서 교실에서 위협, 공포, 불안, 불신을 줄일 수 있는 방안을 강구하고, 학생들의 동기와 참여, 도전 의식을 최대한 이끌어낼 수 있는 긍정적인 정서가 넘치는 환경을 구축해야 한다."라고 말했습니다.

　'이미지와 글 카드 만들기'는 다양한 사진과 글을 활용한 긍정적인 교육 환경을 만들어서 인성교육을 할 수 있는 활동입니다.

활동 방법

> **준비물** 사진(이미지 프리즘), 좋은 글 카드(자아선언문, 좌우명, 콩나물, 성찰 이야기)

❶ 교사는 교실이나 복도 게시판에 학생들의 감성을 긍정적으로 자극할 수 있는 아름다운 사진들을 붙입니다.

❷ 긍정적인 마인드를 가꿀 수 있는 좋은 글 카드를 교실 여기저기에 붙입니다.

❸ 학생은 다양한 주제의 짧은 글이 적힌 카드(콩나물 카드 등)를 뽑아 읽어봅니다.

❹ 자신에게 감동을 주는 글 카드를 골라 필사한 후 친구들과 생각 나누기를 합니다.

❺ 새로운 학년에 대한 다짐을 말할 때 사진이나 이미지를 이용해 자신의 생각을 말해봅니다.

- 다양한 주제의 짧은 이야기가 담긴 '성찰 이야기' 카드를 교실 게시판에 붙여두면 좋습니다.
- 학생들이 직접 인터넷이나 책 속에서 뽑은 좋은 글을 교실에 붙입니다.
- 교사는 학생들이 직접 찍은 사진들을 출력해서 교실에 붙여줍니다.
- 성찰문(반성문)을 쓸 때 의미 없는 깜지보다는 교실에 있는 글귀 중에 마음에 와닿은 것을 연결시켜 써보도록 합니다.
- 학생들에게 심미적 감성을 키워주기 위해 교실에 있는 사진을 그림으로 그리게 한 뒤 그 느낌을 글로 쓰게 해도 좋습니다.

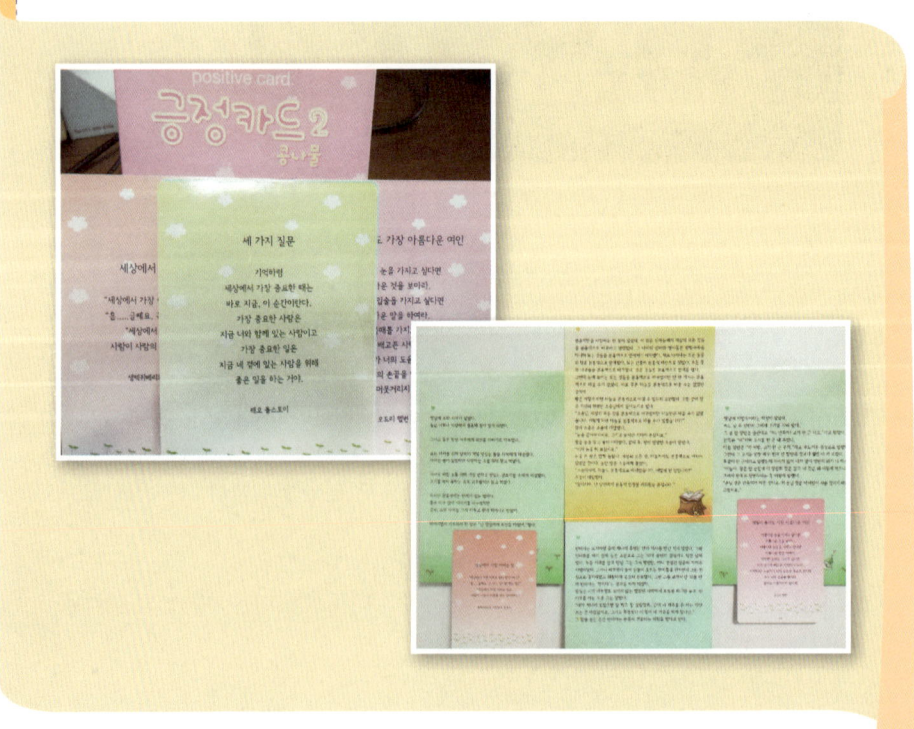

윤쌤의

> "저는 한 것이 아무것도 없었습니다.
> 다, 아이들이 한 것이니까요."

저는 반성이나 성찰이 필요한 학생이 있을 때 교실에 붙어 있는 사진이나 글귀들을 활용합니다. 한번은 지각을 자주 하는 학생에게 글귀 중 하나를 골라 필사를 하고, 느낀 점과 실천할 점을 쓰도록 했습니다. 학생이 일주일 정도 하고 나서 이런 말을 했습니다.

"선생님, 필사하는 글 내용이 너무 좋아요. 글이 좋아 더 자주 지각할 것 같은데요. 헤헤."

한번은 말싸움을 한 두 녀석에게 "이 들꽃 사진을 보고 그대로 그려라. 작은 풀꽃들 개수까지 그대로 그리고 느낌도 세 줄 써."라고 말했습니다. 아이들은 30분 넘게 아주 작은 들꽃을 그리더군요. 덩치 큰 두 녀석이 작디작은 꽃잎의 수를 헤아리며 그리는 모습, 상상이 되시나요? 얼마나 시간이 지났을까요. 불만 가득했던 얼굴들이 꽃처럼 어여쁜 미소로 바뀌어갔습니다.

저는 한 것이 아무것도 없었습니다. 다, 아이들이 한 것이니까요.

40 식물과 인성 가꾸기

- 활동 대상 중등 이상
- 소요 시간 10분 내외
- 가치 덕목 관심, 관찰, 성찰
- 핵심 역량 심미적 감성 역량

"흙이 건강해야 꽃이 잘 피고, 꽃이 잘 피어야만 튼실한 열매를 맺을 수 있습니다. 흙은 기온과 습도를 조절하고 세상과 모든 물질을 품어 썩게 하여 그 힘으로 새로운 생명과 에너지를 생겨나게 합니다." 이는 서정홍 시인이 『농부의 인문학』에서 한 말입니다.

'식물과 인성 가꾸기'는 교실에서 흙과 생명을 가꾸는 환경을 만들고 인성 교육을 할 수 있는 활동입니다.

▲ 아이들이 가꾼 식물과 인성

 **활동 방법**

> 🟡 **준비물**   식물, 좋은 글 카드

❶ 교실에 작은 식물을 준비합니다.

❷ 식물 옆에 아름다운 글귀를 준비합니다.

❸ 학생들이 직접 식물의 이름을 지어줍니다.

❹ 학생들 중 식물 돌보미를 뽑아서 식물을 가꾸도록 합니다.

- 공모전 형식으로 하여 식물 이름을 짓도록 합니다.
- 김춘수의 시 「꽃」을 읽어주고 이름의 중요성을 인식하도록 돕습니다.

> **꽃**
>
> 김춘수
>
> 내가 그의 이름을 불러주기 전에는
> 그는 다만
> 하나의 몸짓에 지나지 않았다.
>
> 내가 그의 이름을 불러주었을 때,
> 그는 나에게로 와서
> 꽃이 되었다.
>
> 내가 그의 이름을 불러준 것처럼
> 나의 이 빛깔과 향기에 알맞는
> 누가 나의 이름을 불러다오.
>
> 그에게로 가서 나도
> 그의 꽃이 되고 싶다.
>
> 우리들은 모두
> 무엇이 되고 싶다.
> 너는 나에게 나는 너에게
> 잊혀지지 않는 하나의 눈짓이 되고 싶다.

- 식물 옆에 작은 통을 마련해서 좋은 글귀를 모아놓습니다.
- 조·종례 시간에 학생들과 함께 식물의 이름을 불러주고 인사해봅니다.
- 욕을 하는 학생이 있으면 글귀를 뽑아 식물에게 읽어주라고 합니다.
- 식물 돌보미를 한 학생에게 학교생활기록부에 생명과 존중 관련 특기사항을 기록해줍니다.

윤쌤의 이야기 톡톡

> "고의든 실수든 욕설이 들리면 수니와 점이에게 좋은 글을
> 읽어주도록 했습니다. 처음에는 아이들이 쑥스러워했어요."

저는 딱딱하고 건조한 교실을 생명이 자라는 공간으로 가꾸고, 아이들에게 정서적 안정감을 주고 싶어서 식물을 함께 가꿉니다. 아이들의 의견을 모아 식물에게 이름을 지어주고 이름표도 붙여줍니다. 조·종례 시간에는 식물의 이름을 부르고 인사를 하죠.

어떤 해는 '수니'와 '점이'라는 식물이 우리와 함께 살았습니다. 고의든 실수든 욕설이 들리면 수니와 점이에게 좋은 글을 읽어주도록 했습니다. 처음에는 아이들이 쑥스러워했지만, 그래도 웃으며 했습니다.

"수니야, 점이야, 미안해. 내가 욕을 했어. 너에게 좋은 글을 읽어줄게. '꽃은 햇빛이 비추는 곳으로 자라지만, 인간은 꿈을 꾸는 쪽으로 성장합니다'."

교실에서 욕을 하는 횟수가 많이 줄어들고, 좋은 말을 쓰라고 잔소리를 할 필요도 없습니다. 식물과 함께 무럭무럭 성장하는 우리 학생들이 꽃만큼 예쁘고 아름답습니다.

교사로서 아이들이 잘 성장할 수 있도록 마음의 손길을 더 섬세하게 내어야겠습니다.

41 씨앗 글자와 인성 가꾸기

- 활동 대상 중등 이상
- 소요 시간 10분 내외
- 가치 덕목 가치, 긍정, 성찰
- 핵심 역량 심미적 감성 역량

"교사는 가르치는 사람이 아니다. 그냥 아이들의 가장 큰 거울이 되어주는 교실 환경일 뿐이다. 아이들의 변화는 오직 자신이 선택할 때만 가능하다. 내가 아이와 따뜻하게 마음이 연결되었을 때, 아이는 좋은 선택을 하고자 할 것이다. 나에게서 나오는 존중으로 아이는 존중을 배우고, 나에게서 시작되는 배려로 아이는 배려를 배울 것이다." 권영애 선생님이 『그 아이만의 단 한 사람』에서 한 말입니다.

'씨앗 글자와 인성 가꾸기'는 학생들이 자신의 생각을 표현한 글이나 그림을 활용하여 긍정적인 교실 환경을 만드는 활동입니다.

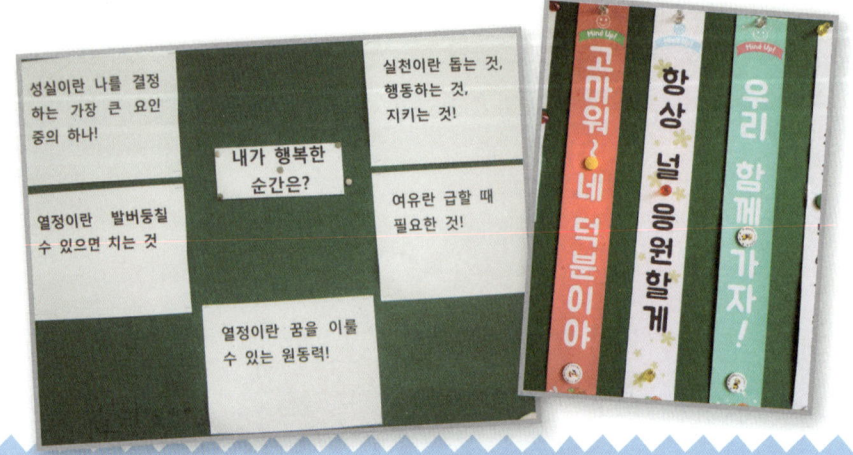

▲ 교실에 붙여놓은 긍정적인 글귀들

활동 방법

> **준비물** 좋은 글귀(글 카드)

❶ 교사는 학생들에게 단어를 주고 '정의 내리기' 활동을 한 후, 창의적이고 센스 있는 결과물을 교실 게시판에 붙입니다.
   예) 열정이란 발버둥 칠 수 있으면 치는 것

❷ 교사는 학생들을 격려하는 긍정적인 글귀를 교실에 많이 붙여둡니다.
   예) 고마워, 네 덕분이야, 항상 널 응원할게, 우리 함께 가자

❸ 교실 벽에 학생들이 생각을 자유롭게 표현할 수 있는 공간을 준비합니다. 학생들은 빈 공간에 자유롭게 글이나 그림으로 자신의 생각을 표현합니다.

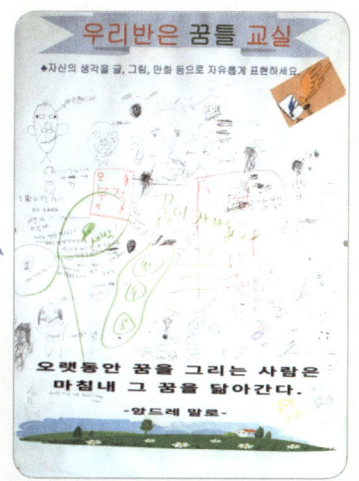

❹ 학생들의 시선이 항상 머무는 위치인 멀티미디어 아래에 응원 문구나 가치 단어들을 붙여둡니다.
   예) 평화, 행복, 우정, 존중, 협동

- 교사는 학생들에게 특정 단어를 주고, 정의를 내려보라고 합니다.
  예 '용서'란 알지만 참고 도와주는 것, '배려'란 따뜻한 마음으로 이해해주는 것
- 학생들이 내린 정의를 A4 종이에 각각 출력해서 게시판에 붙입니다. 학생들은 자신의 글이 게시된 것을 보면 스스로 좋아하고 뿌듯해합니다.
- 자신의 생각을 표현하되 욕설이나 혐오스러운 그림은 피하는 규칙을 정합니다. 긍정적인 글이나 그림으로 꾸밉니다.
- 학생들의 글이나 그림을 보면서 교사와 학생이 소통하면 더 효과적입니다.
- 학생들끼리 생각을 나누고 소통하는 자연스러운 교실문화를 만들 수 있습니다.

▲ 좋은 글귀로 꾸민 교실 게시판

윤쌤의  이야기 톡톡

> "교육은 '생각을 이끌어내는 것'입니다. 아이들의 마음속에
> 무엇이 들어 있는지 끊임없이 끄집어내는 일입니다."

저는 권영애 선생님이 말씀하신 "교사는 가르치는 사람이 아니다. 그냥 아이들의 가장 큰 거울이 되어주는 교실 환경일 뿐이다."라는 말이 참 좋습니다.

그래서 "이것은 이렇게 하고 저것은 저렇게 하라."는 식의 교육 방식을 되도록 멀리하려고 노력합니다. 대신 '보여주기'로 학생들에게 다가가기 위해 여러 활동이나 방법을 도입합니다. 그것도 교사가 다 보여주는 것이 아니라, 학생들이 같이 참여해 서로 보여주고 보고 듣고 생각할 수 있는 활동으로 진행합니다. 이때 교사는 학생들이 표현하는 작은 생각 주머니에 마음을 열고 세심하게 접근해야 합니다. 늘 관심을 가져 주고 들여다보고 공유하는 태도로 임해야 합니다.

저는 교실에 '꿈틀 교실'이라는 낙서 공간을 마련했습니다. 교실 벽은 언제나 깨끗해야 한다는 고정관념을 깨고 싶었습니다. 학생들이 언제든지 글이나 그림으로 자신을 표현하도록 해주고 싶었습니다. 교육은 '생각을 이끌어 내는 것'이라고 합니다. 아이들의 마음속에 무엇이 들어 있는지 끊임없이 끄집어내는 일이 제가 할 수 있는 최선의 길이었습니다.

하지만 끄집어내는 것으로 끝나는 것이 아닙니다. 아이들의 귀한 생각들이 서로 공유되고 연결되는 장이 필요하고, 그 역할을 교사가 할 수 있습니다. 교실 안에서 이뤄지는 공유와 연결은 서로를 자연스럽게 비춰주고 자신을 비춰보는 '긍정 거울'의 다른 이름입니다.

42 플래너와 인성 가꾸기

- 활동 대상 중등 이상
- 소요 시간 10분 내외
- 가치 덕목 성실, 노력, 성찰
- 핵심 역량 자기관리 역량

"평범한 사람은 자신의 경험에서 배우고, 지혜로운 사람은 타인의 경험에서 배운다. 어리석은 사람은 어느 것에서도 배우지 못한다."라는 영국 속담이 있습니다. 『플래너 성공비결 7가지, 징검다리로 시작해봐』의 저자 하태민은 성공하는 비결의 첫 번째로 "긍정적으로 생각하라."를 꼽습니다.

'플래너와 인성 가꾸기'는 아이들의 하루 계획, 학습 내용 요약, 자기 평가를 기록함으로써 자신의 아름다운 노력과 성찰의 씨앗을 지속적으로 가꾸는 활동입니다.

▲ 아이들과 함께 쓴 플래너

활동 방법

준비물 징검다리 플래너

❶ 교사는 3월 첫 날에 학생들에게 줄 '징검다리 학습플래너'를 준비합니다.

❷ 학생들은 한 주의 계획, 가치 사전 정의 내리기, 1일 학습 요약 및 기록, 하루 성찰 등을 매일 기록합니다.

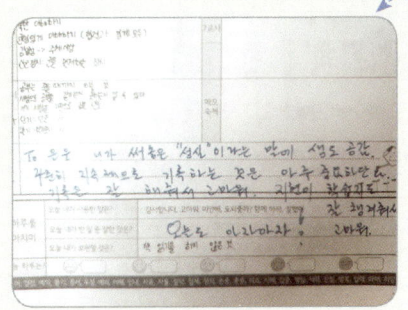

❸ 교사는 학생이 작성한 플래너를 읽고 긍정적인 피드백을 남겨줍니다.
   예 ○○아, 네가 쓴 가치 사전 중 '성실'이라는 정의에 샘도 감동했어. 꾸준히 지속적으로 기록하는 것은 아주 중요하단다. 기록을 잘 해줘서 고마워, 오늘도 아자아자!

- 학생들에게 기록의 중요성과 그 사례들을 설명해줍니다. 또한 기록에 필요한 꾸준한 노력, 성실, 성찰의 씨앗에 대해 말해줍니다.
- 학생들에게 플래너의 구성 양식과 기록할 내용에 대해 설명합니다.
  예 기록할 내용: 이번 주 계획, 하루 성장 기록(오늘의 가치, 학습 내용 요약 정리, 하루를 마치는 기록), 이번 주에 고마웠던 사람 등
- 일주일에 한 번씩 학생들의 플래너에 긍정적인 댓글을 써주며 격려합니다. 특히 인성 관련 글에는 학생들의 노력과 성실을 더 응원합니다.

> 더 격조 상록중 2학년 8반
> ★ 소중한 이름(박○○) ★
> <징검다리 기록을 위한 5 팁
> 꿈, 학습, 관계의 힘>
> * 기록은 기억을 오래 하게 함
> * 기록은 자신에 대한 역사임
> * 매일매일 핵심어 중심으로 기록
> * 좋은 글도 읽고 마음 다짐하기
> * 긍정적 마인드로 아자아자홧팅

▲ 기록하는 습관을 기르는 팁

윤쌤의  이야기 톡톡

"교사와 학생들이 글로 꾸준히 소통하면 아이들 마음속에
아름다운 인성과 자존감이 지속적으로 자라나겠지요?"

미국 플라토닉 연구소는 1972년 예일대학 경영학 석사과정 졸업생 200명을 대상으로 목표 관리에 대한 조사를 했습니다. 이 가운데 84%는 목표가 없고, 13%는 목표는 있으나 기록하지 않고, 3%만이 자신의 목표를 글로 써서 관리했다고 합니다. 그리고 20년 뒤에 그들의 자산을 조사했는데, 13%의 자산이 84%의 2배이고, 3%의 자산은 13%의 10배에 달했다고 합니다.

2011년부터 우리나라에 자기주도학습이라는 바람이 불기 시작했습니다. 저는 그 해부터 지금까지 우리 반 학생들에게 매년 플래너를 선물로 주고, 매일 기록하도록 했습니다. 그렇게 플래너를 시작한 첫 해부터 지금까지 아이들의 기록을 읽으며 칭찬하고 격려해왔습니다. 아이들은 한 주의 계획을 쓰기 전에 '지난주에 고마웠던 사람'을 떠올리며 감사의 씨앗을 키웠고, '성실, 우정, 행복, 노력'에 대해 자신이 내린 정의를 보면서 더 깊이 성찰하더군요. 또한 공부를 시작하기 전에 '자신에게 주는 한 마디와 내가 가꿀 가치' 란에 "더 나은 내가 되어가기, 성장"이라는 의미심장한 글을 쓰는 학생들이 점점 많아졌습니다.

학생들의 글을 읽을 때마다 저는 감동과 고마움을 느낍니다. 교사와 학생들이 글로 꾸준히 소통하면 아이들 마음속에 아름다운 인성과 자존감이 지속적으로 자라나겠지요.

학부모 편

부모님과 어떻게 만날까

"문제 아이는 없고 문제의 가정이나 부모가 있을 뿐이다."라는 말에 공감하시나요? 아무리 힘들거나 어려운 문제가 있어도 아이와 가정과 학교가 함께 문제를 풀어가면 아이들은 분명히 긍정적으로 변합니다.

43 인성 친화적 가정통신문

- 활동 대상 학부모
- 소요 시간 15분 내외
- 가치 덕목 관심, 소통, 참여
- 핵심 역량 의사소통 역량

스콧 할츠만은 『행복한 가족의 8가지 조건』에서 "행복한 가족은 서로 닮았지만, 불행한 가족은 저마다가 불행한 모습을 보인다. 가족도 하나의 조직이다. 조직을 잘 이끌기 위해서는 기술이 필요하다. 가족 가치관, 헌신과 소통, 지원과 지지, 자녀교육, 융화, 갈등 해결, 회복과 휴식, 무엇이 우리 가족을 행복하고 건강하게 만드는가? 무엇이 우리 가족을 성장하게 하고 성공하게 하는가?"라고 말했습니다.

학생들이 학교생활을 행복하게 할 수 있는 밑거름은 가정과 학교의 소통입니다. 부모와 교사의 소통을 위한 첫걸음은 '인성 친화적 가정통신문'이라고 생각합니다. 학기 초에 학교와 가정이 서로 소통할 수 있는 방법을 소개합니다.

✏️ 활동 방법

> 💬 **준비물**　가정통신문 양식, 자녀소개서 양식

❶ 3월 첫날 담임교사는 부모님에게 보낼 가정통신문을 준비합니다.

❷ 가정통신문에 담임 이름, 과목, 연락처, 교무실 위치, 업무, 교육철학, 실천 방향 등을 넣습니다.

❸ 가정통신문과 함께 '자녀소개서' 양식을 함께 보냅니다. '자녀소개서'에는 부모가 자녀의 관심사를 파악할 수 있도록 하는 내용을 담습니다.
　　예 아이의 꿈, 취미, 좋아하는 노래, 진학 희망교, 장점 및 강점, 알레르기 등

아래 질문에 기록해서 자녀 편으로 (　월　　일)까지 꼭 보내주세요. 학생지도에 많은 도움이 될 것입니다. 고맙습니다.		
담임교사 OOO 드림　　　　　　　　　　　　　　　　　　 2-8반 (　　)번 학생의 소중한 이름 : (　　　　　　)		
부모님 연락처	부: 모:	
아이의 미래 꿈		
아이의 취미		
아이가 좋아하는 노래		
관심 고등학교	1지망:	2지망:
아이의 성격		
아이의 장점 또는 강점		
아이의 건강 상태 (음식 알레르기가 있으면 꼭 적어주세요.)		

- 2월 말에 미리 준비해서 봉투에 담아둡니다. 봉투에는 학생의 번호, 학생 이름 옆에 '부모님'을 붙입니다.
  예 20801 김인성 부모님
- '자녀소개서'를 회수할 때는 봉투에 넣어 가져오도록 합니다. 개인적인 이야기이기 때문에 개인정보보호에 신경을 쓰는 것이 좋습니다.
- '자녀소개서'는 학생이나 부모와 상담할 때 활용합니다.
- 학생들 중 부모님이 작성해준 '자녀소개서'를 읽어보지 않은 학생들도 있으니, 교사는 학생들과 상담을 할 때 '자녀소개서'를 보여주어도 좋습니다.
- '자녀소개서' 내용 중 '아이의 장점' 부분을 학생이 읽으면 부모님이 자신의 어떤 점을 장점으로 보고 있는지 알고 부모님에게 감사하는 마음을 갖습니다.

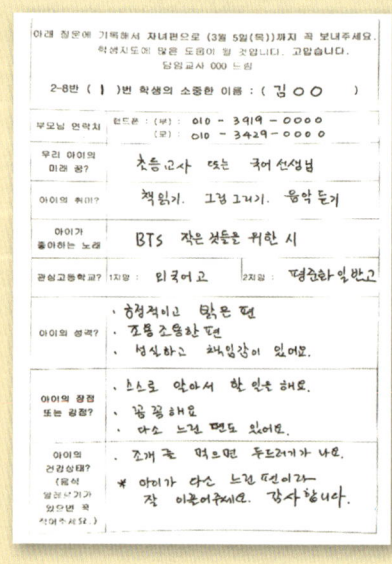

윤쌤의  이야기 톡톡

"담임이 부모에게 보내는 이 짧은 글이 교사와 부모 간에
소통의 장이 되어 아이들의 성장을 돕는 밑거름이 됩니다."

"문제 아이는 없고 문제의 가정이나 부모가 있을 뿐이다."라는 말에 공감하시나요? 아무리 힘들거나 어려운 문제가 있어도 아이와 가정과 학교가 함께 문제를 풀어가면 아이들은 분명히 긍정적으로 변합니다. 아이들의 이야기를 듣다 보면 어른들에게 화가 나고 아이들에게 미안한 적이 많습니다. 아이들은 자신의 잘못이 아닌데도 마치 자신의 죄처럼 그 굴레를 뒤집어쓰고 힘들어합니다. 때로는 그 굴레에서 벗어나고 싶어 반항과 일탈을 합니다.

그럴수록 교사는 가정으로 보내는 가정통신문 하나에도 정성을 쏟아야 합니다. 아이들 입장에서 생각하고 정성과 진심을 담아 소통하면 부모도 아이에게 관심을 더 갖습니다. '자녀소개서'는 그런 마음으로 시작한 활동입니다. 교사와 부모가 아이에 대해 작지만 진심어린 관심을 함께 갖자는 취지입니다. 3월 첫날 담임이 부모에게 보내는 이 짧은 글이 교사와 부모 간에 소통의 장이 되어 아이들의 성장을 돕는 밑거름이 되리라 믿습니다.

44 이야기가 있는 학부모 총회

- **활동 대상** 학부모
- **소요 시간** 60분 내외
- **가치 덕목** 관심, 소통, 참여
- **핵심 역량** 의사소통 역량

　다니엘 핑크는 『새로운 미래가 온다』에서 스토리의 중요성에 대해 다음과 같이 말했습니다. "단순한 주장만으로는 안 된다. 미래사회는 스토리를 겸비해야 한다. 우리 시대의 삶은 정보와 데이터로 넘쳐나고 있기에 강력한 메시지를 쏟아내는 것만으로는 부족하다. 어디선가 누군가는 분명 당신의 주장을 반박할 수 있는 요소를 찾아낼 것이다. 또한 본질적으로는 설득, 의사소통, 자기 이해 등은 훌륭한 스토리를 만들어내는 능력의 밑받침이다."

　교사가 학부모를 만날 때도 스토리를 준비해야 합니다. 교사가 준비할 수 있는 최고의 소재는 아이들에 관한 이야기입니다. 부모 역시 교사를 만날 때는 자녀에 대한 다양한 이야기를 준비해가야 그 만남이 더 가치 있고 의미 있습니다. '이야기가 있는 학부모 총회'는 아이에 대한 스토리를 가지고 교사와 학부모가 만나는 소중한 시간입니다.

활동 방법

> **준비물**: ㄷ자형 책상 배치, 학급 안내문, 환영 문구, 이미지 프리즘, 펜, 부모카드, 마인드업 엽서

① 칠판에 학부모를 환영하는 문구를 붙입니다.

② 참석하는 인원수만큼 책상을 ㄷ자형으로 배치합니다.

③ 교사는 책상을 한곳에 모아놓고, 이미지 프리즘을 펼쳐둡니다.

④ 학생 이름으로 자리를 표시하고, 펜, 안내문, 부모 카드, 마인드업 엽서를 준비합니다.

⑤ 서로 인사를 한 후 부모와의 만남을 진행합니다.

⑥ 교사는 학급 안내문을 읽으며 설명합니다.

⑦ 부모는 자신이 고른 이미지 프리즘으로 '올해 내 아이는?'을 표현합니다.

⑧ 부모는 자녀에게 마인드업 엽서에 편지를 씁니다.

⑨ 교사는 부모에게 좋은 글귀를 선물합니다.
  예) 부모 카드는 자녀관, 교육관, 부모 역할, 관계, 사랑에 관한 글 모음

활용 TIP

- '학부모'보다 '부모'라는 말을 사용합니다.
- 부모에게 아이에 대한 이야기를 많이 들으려고 노력합니다.
- 개별적으로 하고 싶은 말이 있으면 따로 남아서 해달라고 사전에 공지합니다.
- 이미지 프리즘을 2개 선택해서, 한 장으로는 작년 이야기를, 다른 한 장으로는 올해 아이가 어떻게 했으면 좋겠다는 바람을 말하도록 합니다.
- 자신의 아이가 들으면 힘이 날 것 같은 말을 마인드업 엽서에서 두세 개 골라 편지를 쓰도록 안내합니다. 쓴 편지는 밤에 아이가 잠든 머리맡에 놓아두고 다음 날 아침에 읽을 수 있게 합니다.

윤쌤의 이야기 톡톡

"학부모 총회를 학생에 대해 이야기를 들을 수 있는 시간으로 관점을 바꾸니 부담감이 줄어들었습니다."

학부모 총회는 교사들이 가장 부담스러워하는 일 중에 하나입니다. 저도 마찬가지였습니다. 그래서 관점을 바꿔보자고 마음먹었습니다. 학생에 대해 이야기를 들을 수 있는 시간으로 관점을 바꾸니 부담감이 줄어들었습니다. 이렇게 제 마음을 바꾸니 부모님들도 그 시간을 좋아하기 시작했고, 아이에 대해 더 많이 말씀해주셨습니다.

"아직 학기 초라 저는 아이들에 대해 잘 알지 못합니다. 이 시간에 부모님들께 아이에 대한 이야기를 많이 듣고 싶습니다."

교사가 아이에 대해 말하는 것이 아니라, 부모님이 아이에 대해 들려주는 시간으로 바꾸니 이전보다 신뢰가 쌓이고 분위기도 더 좋아졌습니다. 교사에게는 학생뿐만 아니라 부모와의 관계도 중요합니다. 서로 신뢰와 믿음이 있어야, 아이의 성장을 함께 도울 수 있습니다. '이야기가 있는 학부모 총회'는 학생, 부모, 교사의 관계를 가꾸어가는 데 더할 나위 없는 역할을 한다고 자부합니다.

45 연대를 통한 가정교육 지도계획서

- **활동 대상** 학부모
- **소요 시간** 20분 내외
- **가치 덕목** 관심, 칭찬, 격려
- **핵심 역량** 의사소통 역량

파스칼은 이렇게 말했습니다. "사랑의 첫 효과는 존경심이다. 얘야, 내가 너를 사랑하는 것은 네가 어떤 일을 했거나 혹은 어떤 일을 하지 않았기 때문이 아니라 바로 '너'이기 때문이란다." 우리는 아이의 인격을 칭찬할 수 있어야 하고 칭찬해야 합니다. 아이는 성장하는 과정에서 실수나 잘못을 할 수 있습니다. 이때 우리 어른들이 어떤 마음으로 아이를 대해주느냐가 참으로 중요합니다.

'연대를 통한 가정교육 지도계획서'는 학교와 가정이 어떻게 연대하고 협력해서 아이의 성장을 도울 수 있는지를 보여주는 활동입니다.

 **활동 방법**

준비물 가정교육 지도계획서 양식

❶ 교사는 가정교육 지도계획서 양식을 준비합니다.

가정교육 지도계획서			
"한 아이가 온전히 성장하는 데는 마을이 나서야합니다."라는 영국 속담처럼, 우리의 희망이자 미래인 아이들이 성장하는 데 아이, 가정, 학교가 함께 서로 협력해 나갑시다. 감사합니다. (1학년부)			
학생 학번		소중한 학생 이름	
부모님 성함	(서명)	부모님 연락처	
성찰 내용 자신의 행동을 돌아본다. (학생 작성)			
가정지도계획 아이와 부모님이 진지한 대화를 통해 구체적으로 가정에서 어떻게 지도할 것인지 쓴다. (부모님 작성)	■ 교육 기간: ■ 교육 방법:		
도움 요청 학교에 도움을 요청할 사항을 적는다. (부모님 작성)			

❷ 가정교육 지도계획서는 학생이 작성하는 성찰 내용, 부모가 작성하는 가정교육 계획과 학교에 요청하는 도움 내용으로 구성되어 있습니다.

❸ 교사는 가정교육 지도계획서를 받아서 학생과 함께 읽고 지속적으로 실천이 되고 있는지 확인하고 이를 돕습니다.

- 학생이 성찰하고 반성할 일이 발생했을 때 사용합니다.
- 학교와 가정이 서로 협력해서 아이들의 성장을 돕는다는 목적을 갖고 활동을 합니다.
- 교사는 부모와 아이에게 활동의 의미와 목적을 잘 설명해줍니다.
- 교사와 부모가 함께 협력하고 소통하는 것이 가장 중요합니다.
- 부모가 작성한 가정교육 지도계획서를 살펴본 후, 이후 진행 과정을 확인하고 상담을 지속적으로 합니다.
- 아이와 부모가 지속적으로 소통하면서, 교사가 특별히 도와줄 것이 있는지 확인합니다.
- 가정교육 지도기간이 끝난 후 부모와 아이가 가정에서 어떻게 긍정적으로 변화했는지 상담을 통해서 살펴봅니다.
- 학생이 지속적으로 긍정적인 변화를 이끌어갈 수 있도록 도와주고, 그 변화된 내용을 학교생활기록부에 기록해줍니다.

"학교와 가정의 연대, 소통, 협력은 아이들에게
문제가 생겼을 때 더 빛을 발합니다."

한 아이의 잘못은 그 아이 혼자만의 문제가 아닙니다. 어쩌면 아이들은 피해자일 수도 있습니다. 적어도 아이 혼자 책임을 지거나 감당하는 일만큼은 생기지 않게 해야 합니다. 그러기 위해서는 학교와 가정이 소통하면서 아이의 성장을 지켜봐주어야 합니다.

저는 아이가 잘못했을 때 생각할 시간을 충분히 줍니다. 특히 가정교육 지도계획서를 만들어서 부모님과 함께하는 시간을 갖도록 합니다. 부모님이 작성해준 계획서를 아이가 읽게 합니다. 계획서는 보통 "선생님, 죄송합니다."로 시작됩니다. 아이는 부모님이 쓴 글을 읽으면서 고개를 떨굽니다. 그러면 저는 "너 혼자만의 잘못이 아니야. 우리가 너를 더 많이 도와줄 거야. 지금부터 다시 시작해보자."라고 아이를 다독여줍니다.

부모님이 보내준 가정교육 지도계획서에는 아이들과 시간을 보내겠다는 내용이 많습니다. 그 다짐으로 부모님들은 아이들과 더 많은 시간을 보내고, 아이들도 조금씩 달라집니다. "한 아이가 성장하는 데는 온 마을이 나서야 한다."라는 말처럼 우리의 미래이자 희망인 아이들이 성장하는 데는 학교와 가정이 연대하고 소통하고 협력해야 합니다. 이 연대, 소통, 협력은 아이들에게 문제가 생겼을 때 더 빛을 발합니다. 이미 서로에 대한 신뢰와 믿음이 쌓여 있기에 크고 작은 문제들을 현명하게, 무엇보다 아이를 중심으로 해결합니다.

IV부

열매 맺기

8장

성찰로
마무리하기

과거는 바꿀 수 없지만

과거로부터 배움을 얻는다면

이미 현재가 바뀌어 있고

미래 또한 다를 것입니다.

46

사진과 단어로 마무리하는
우리 반 이야기

- 활동 대상 초등 이상
- 소요 시간 40분 내외
- 가치 덕목 감사, 성찰, 사랑
- 핵심 역량 의사소통 역량, 심미적 감성 역량

미국의 작가 켄 키지는 "사과 속에 들어 있는 씨앗은 셀 수 있지만, 씨앗 속에 들어 있는 사과는 셀 수 없다."라고 말했습니다. 사과의 씨앗을 보고 훗날 얼마나 많은 사과가 열릴지 알 수 없다는 말입니다. 씨앗이 어떠한 토양에서 어떤 일을 겪으며 자라느냐에 따라 그 씨앗은 중간에 도태될 수도 있고, 풍성한 열매를 맺는 기쁨을 맛볼 수도 있습니다.

'교실!' 학생들이 많은 시간을 함께 보내는 이 공간은 또 하나의 작은 학교입니다. 그곳에서 마음 근육을 단단하게 해주는 인성교육이 유기적으로 이뤄진다면 이 공간은 '앎'이 '삶'으로 변환되는 작은 사회로 거듭날 것입니다.

'사진과 단어로 마무리하는 우리 반 이야기'는 졸업을 앞둔 학생들이 지난 생활을 되돌아보며 자신의 생각과 느낌을 표현해보는 활동입니다. 이 활동을 통해 학교생활을 차분히 돌아보고, 자신과 친구들의 소중함을 느껴봅니다.

▲ 지난 시간을 돌아보며 자신의 생각을 표현하는 활동

 활동 방법

> **준비물** 사진 카드(희로애락 카드), 단어 카드(연결어 카드), 포스트잇(또는 자석 보드), 마인드업 스티커, 씨앗덕목 스티커, 4절 도화지, 자석(또는 투명테이프), 필기도구 등

❶ 모둠별로 사진 카드를 펼쳐 놓습니다.

❷ 학교생활을 돌아보며 떠오르는 느낌을 사진과 연결시켜 생각해봅니다.

❸ 6장의 사진을 골라 사진 속 장면과 졸업 소감을 연결시켜 포스트잇에 적습니다. 각 사진마다 1개 이상의 가치 덕목을 넣고, 6장의 사진 스토리가 잘 연결되도록 적습니다. 그다음에는 사진과 사진 사이에 넣을 연결어 카드를 골라서 배치합니다.

❹ 이야기와 이야기 사이에 졸업하는 자신을 격려해주는 칭찬 스티커(마인드업 스티커)를 붙이거나 격려의 글을 적어줍니다.

❺ 활동이 마무리되면 모둠별로 발표합니다. 또는 모둠별로 자리를 옮겨가며 옆 모둠의 활동 결과를 살펴봅니다.

활용 TIP

- 1~6학년까지 학년별로 대표 사진을 1장씩 골라 학년별로 떠오르는 느낌을 적습니다.
- 학급 상황에 따라 개인 활동, 짝 활동, 모둠 활동 등으로 진행할 수 있습니다.
- 자신의 학교생활을 성찰해보면서 사진 속 장면과 연결지어 이야기를 적어보되, 글에 어울리는 적절한 가치 덕목을 1개 이상 넣도록 안내합니다.
  - 예 ○○학교에는 **활력**과 **기쁨**의 마음으로 신나게 뛰어노는 친구들이 있습니다. 때로는 선생님의 말씀을 **경청**하지 않아 주의를 받을 때도 있습니다.
- 문장을 완성한 후에는 연결어 카드를 이용해 문장과 문장 사이를 매끄럽게 연결하여 전체 이야기의 완성도를 높일 수 있도록 합니다.
- 사진 카드와 단어 카드를 붙여야 하므로 4절지를 사용하는 것이 좋습니다.
- 사진 카드와 단어 카드, 포스트잇(자석 보드) 등을 활용해 적절히 배치합니다.
- 완성된 활동 자료들은 자석 등을 이용해 칠판에 붙여놓고 발표를 합니다.

응용하고 확장하기 사진과 단어 카드로 만드는 우리 반 이야기

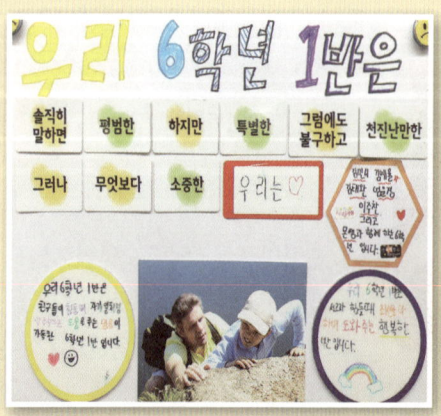

모둠별로 단어 카드(연결어 카드, 형용사 카드 등)를 활용해 함께했던 시간들을 되돌아봅니다. 우리 반을 잘 표현할 수 있는 단어를 선택해 의미가 잘 연결되도록 배치합니다. 또 우리 반을 잘 보여 줄 수 있는 사진을 골라 그것과 연결해 학급에 대한 자신의 생각을 포스트잇에 적습니다.

백쌤의  이야기 톡톡

"배웠으면 느끼는 것이 있어야 하고, 느꼈으면 실천으로
옮길 줄 알아야 참된 인성교육이 아닐까요?"

　교사는 학생들 마음속에 잠재되어 있는 가치 씨앗이 싹을 잘 틔울 수 있도록 마중물 역할을 해야 합니다. 더불어 공동체 속에서 학생들이 관계를 잘 맺을 수 있도록 다양한 경험을 제공해야 합니다. 그러한 과정을 통해 배려와 협력, 그리고 도전과 성취 등의 소중한 가치들을 배울 수 있습니다.

　인성 친화적 학급을 만들기 위해서는 머리에서 발로 이어지는 실제 경험이 필요합니다. 머리로 배우고, 가슴으로 느끼며, 손과 발로 실천할 수 있는 그런 교육 말입니다. 배웠으면 느끼는 것이 있어야 하고, 느꼈으면 실천으로 옮길 줄 알아야 참된 인성교육이 아닐까요?

　마음 탱크를 행복으로 가득 채우고 졸업한다는 것은 더 넓은 세상으로 가는 힘찬 날갯짓의 원동력이 됩니다. 본 활동을 하면서 자신과 친구들의 모습을 이해하고, 함께했던 소중한 시간을 돌아보며 마음 탱크에 행복을 채워봅니다.

47 나만의 미니북 만들기

- 활동 대상 중등 이상
- 소요 시간 40분 내외
- 가치 덕목 성찰, 자존
- 핵심 역량 심미적 감성 역량

　교육자 돈 보스코는 "아이들을 사랑하는 것만으로는 부족합니다. 아이들이 사랑받고 있다는 것을 느낄 수 있게 해주어야 합니다."라고 말했습니다. 저는 이 말을 이렇게 바꾸고 싶습니다. "아이들이 한 학기를 마치는 것만으로는 부족합니다. 아이들이 스스로 자신의 시간을 되돌아보고 성찰할 수 있게 교사는 아이들에게 시간과 방법을 주어야 합니다."

　'나만의 미니북 만들기'는 학기 말에 학생들이 자신의 학교생활을 돌아보면서 자기만의 책을 만드는 활동입니다.

▲ 자기만의 미니북을 만드는 모습

활동 방법

> **준비물** 북앤아이(교구), 스티커(프리즘, 씨앗, 느낌), 사인펜, 포스트잇

① 교사가 미니북 만드는 방법을 설명해줍니다.

② 아이들이 참고할 수 있도록 교사가 미리 만든 샘플 북을 칠판에 붙여놓습니다.

③ 학생들이 언제든지 샘플 북을 볼 수 있도록 합니다.

④ 4인 또는 6인의 모둠을 만들어서 활동을 시작합니다.

⑤ 학생들에게 1인당 북앤아이, 이미지, 씨앗, 느낌 스티커를 나누어 줍니다.

⑥ 학생들은 활동 후 포스트잇에 소감문을 작성하고 발표합니다.
   예) 나의 중학교 1학년 생활을 깔끔히 마무리할 수 있었던 것 같다.

- 북앤아이는 6쪽으로 구성되어 있습니다. 1쪽은 표지, 2쪽은 가정생활 성찰, 3쪽은 꿈 성찰, 4쪽은 학습 성찰, 5쪽은 관계 성찰, 6쪽은 좋아하는 글이나 명언을 쓰고 마무리 합니다.
- 북앤아이는 1인당 1장씩 나눠주고, 스티커는 모둠에 종류별로 각각 2장씩 줍니다.
- 학생들이 좋아하는 노래를 미리 신청받아, 활동할 때 음악을 틀어줍니다.
- 포스트잇에 소감문을 간단하게 쓰고 발표합니다.

윤쌤의  이야기 톡톡

"학생에게는 교사로부터 받은 대우도 중요하지만,
자기 스스로를 존중하는 마음가짐이 더 중요합니다."

저는 학기 말에 '나만의 미니북 만들기' 활동을 하면서 아이들에게 성찰하는 시간을 줍니다. '북앤아이(교구)'를 이용해서 일 년을 돌아보는 시간입니다. 중학교 1학년 아이들과 한 해를 마무리하며 '나만의 미니북 만들기'를 했습니다. 아이들의 소감문을 읽으며 느낀 감동은 아직도 제 마음 깊이 남아 있습니다.

"나의 중학교 1학년 생활을 깔끔히 마무리할 수 있었던 것 같다.", "내가 예전에 무엇을 했는지 돌아보고 자기 성취감을 느꼈다.", "1년 동안 있었던 일을 생각하며 책을 만드니 시간이 정말 빨리 가는 것 같아 아쉽다."

아이들의 소감문은 언제 읽어도 감동입니다.

"학교에서 무엇을 배웠는지는 잊어도, 어떤 대우를 받았는지는 기억합니다."라는 말이 있습니다. 학생에게는 교사로부터 받은 대우도 중요하지만, 자기 스스로를 존중하는 마음가짐이 더 중요합니다. '나만의 미니북 만들기'는 자기 존중의 기록입니다.

48
가치 풍경사진으로
공동체 성찰하기

- **활동 대상** 중등 이상
- **소요 시간** 40분 내외
- **가치 덕목** 성찰, 즐거움
- **핵심 역량** 심미적 감성 역량, 공동체 역량

　시처럼 직관적이고 자유로운 시각 언어인 사진은 계속해서 새로운 문화를 만들어가고 있습니다. 조세현은 『조세현의 사진 모험』에서 "시와 음악이 우리의 마음을 어루만져주듯이, 사진을 통해 더 많은 긍정적인 소통과 공감을 많이 나눈다면 우리 사회는 더 부드러워지지 않을까!"라고 말했습니다.

　'가치 풍경사진으로 공동체 성찰하기'는 사진의 장점을 가치와 연결하여 한 해를 돌아보는 활동입니다. 1년 동안 학급 아이들이 가꾸어온 가치를 선정해서 친구들과 풍경을 배경으로 사진을 찍고 표현하는 활동입니다. 아이들에게 즐거운 추억이 됩니다.

▲ 친구들과 풍경을 배경으로 사진을 찍고 표현해요!

 활동 방법

> **준비물**   색지나 A4 종이, 네임펜, 문구용 칼, 핸드폰

❶ 1년 동안 친구들과 함께 가꾸어 온 가치를 모둠별로 3개씩 쓰고 발표합니다.

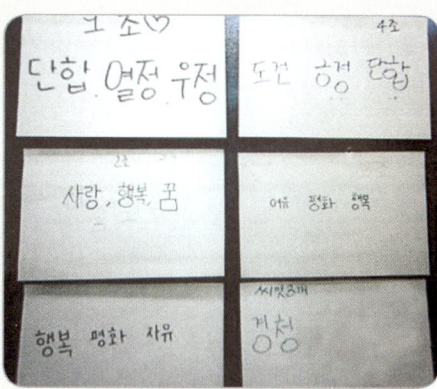

❷ 서로 의논하여 사진으로 표현할 가치를 1개 정합니다.

❸ 선정된 가치를 어떻게 표현할 것인지 모둠원들과 토론하고 디자인합니다.

❹ 디자인이 완성되면 글자의 바깥 라인을 따라 칼로 오려낸 후 밖으로 나가서 모둠원끼리 사진을 찍습니다.

❺ 모둠장은 대표할 만한 사진 3장을 담임교사에게 보냅니다. 활동을 마친 후 모둠별로 사진을 멀티미디어 화면에 띄우고 발표합니다.

- 교실 벽에 미덕 카드나 가치 카드를 항상 붙여둡니다.
- 교사는 모둠별로 다니면서 각 모둠이 뽑은 가치를 보고 격려해줍니다.
- 모둠장이 발표를 할 때 3장의 사진을 순서대로 화면에 띄우고 이야기를 만들어서 발표하도록 예시를 보여줍니다.

  예 우리 모둠은 '행복'이라는 가치를 선정하고 사진으로 표현했습니다. 첫 번째 사진은 (   )을 표현한 것이고, 두 번째 사진은 (   )을 표현한 것이고, 세 번째 사진은 (   )을 표현한 것입니다.

- 발표가 끝난 후 모둠별로 사진을 출력해서 가치와 함께 교실에 붙입니다.

"주변 자연이 더없이 아름다울 때,
아이들의 사진 찍기는 그 자체로 즐거운 놀이가 됩니다."

제가 근무하는 학교 주변에는 야트막한 산이 있습니다. 작은 산이 학교를 포근히 감싸고 있습니다. 봄에는 벚꽃이 피고 여름에는 초록이 무성하고 가을에는 단풍으로 아름답습니다. 주변 자연이 더없이 아름다울 때, 아이들의 사진 찍기는 그 자체로 즐거운 놀이가 됩니다.

1년 동안 함께 가꾼 학급 가치를 골라 자연과 어우러지게 사진을 찍으면 더 의미 있는 활동이 됩니다. 아이들이 뽑은 우리 반 가치는 단합, 열정, 우정, 도전, 행복, 사랑, 꿈, 평화, 자유, 경청, 긍정, 여유, 격려였습니다. 아이들이 가꾼 아름다운 가치 씨앗들입니다. 아이들의 마음속에 이런 가치들이 자라고 있다니 고마운 일입니다.

"사진을 통해 더 많은 긍정적인 소통과 공감을 많이 나눈다면 우리 사회는 더 부드러워지지 않을까?"라는 조세현 님의 말을 떠올리며, "얘들아, 너희들이 가치 씨앗이란다."라고 나직이 말해봅니다.

49

씨앗과 칭찬 갈무리하기

- 활동 대상 중등 이상
- 소요 시간 40분 내외
- 가치 덕목 성찰, 칭찬
- 핵심 역량 심미적 감성 역량, 공동체 역량

켄 블랜차드는 『칭찬은 고래도 춤추게 한다』에서 "사람들은 긍정적 태도로 칭찬을 하고 싶어 한다. 그러나 현실에서 긍정적 태도와 칭찬의 중요성을 제대로 알고 실천하는 사람은 드물다. 오히려 우리의 삶은 무관심과 부정적 반응으로 둘러싸여 있다."라고 말했습니다. 긍정적인 칭찬과 격려는 고래를 넘어 우리 아이들을 스스로 춤추게 합니다.

'씨앗과 칭찬 갈무리하기'는 학기 말에 아이들이 자신이 가꾼 씨앗을 생각하고, 자신과 친구들을 칭찬하고 격려하는 활동입니다.

✏️ 활동 방법

> 💬 **준비물**   활동 안내문, 컵(또는 엽서), 스티커(씨앗, 마인드업), 포스트잇, 음악

❶ 교사는 활동 안내문을 칠판에 붙입니다.

❷ 학생들은 개인 컵, 씨앗 스티커, 마인드업 스티커를 준비하고, 자신이 가꾼 가치 씨앗 2개, 자신을 칭찬하는 마인드업 스티커를 컵에 붙이면서 스스로를 칭찬합니다.

❸ 엽서에 각자가 가꾼 가치 씨앗을 2~3개 쓴 후, 마인드업 스티커를 엽서에 붙이면서 자기 자신과 친구를 칭찬합니다.

❹ 학생들은 활동 후 포스트잇에 소감문을 간단히 작성합니다.

 활용 TIP

- 학기 말에 갈무리 활동으로 함께하면 아이들이 즐겁게 참여합니다.
- 교사는 학생들이 활동하는 동안 음악을 준비합니다. 가치 씨앗을 고르고 작성할 때는 잔잔한 클래식이 좋고, 칭찬하는 활동을 할 때는 경쾌하고 밝은 음악이 좋습니다.
- 가치 씨앗 2~3개를 작성할 때는 실천한 사례를 구체적으로 씁니다.
  예 존중: 아이들을 편견 없이 바라봄
- 칭찬 스티커를 붙여줄 때 친구에게 칭찬의 말을 하면서 붙여주도록 합니다.
- 학생들은 포스트잇에 활동 소감문을 작성하고, 교사는 학교생활기록부에 학생이 작성한 가치 씨앗, 실천 사례, 소감을 기록해줍니다.

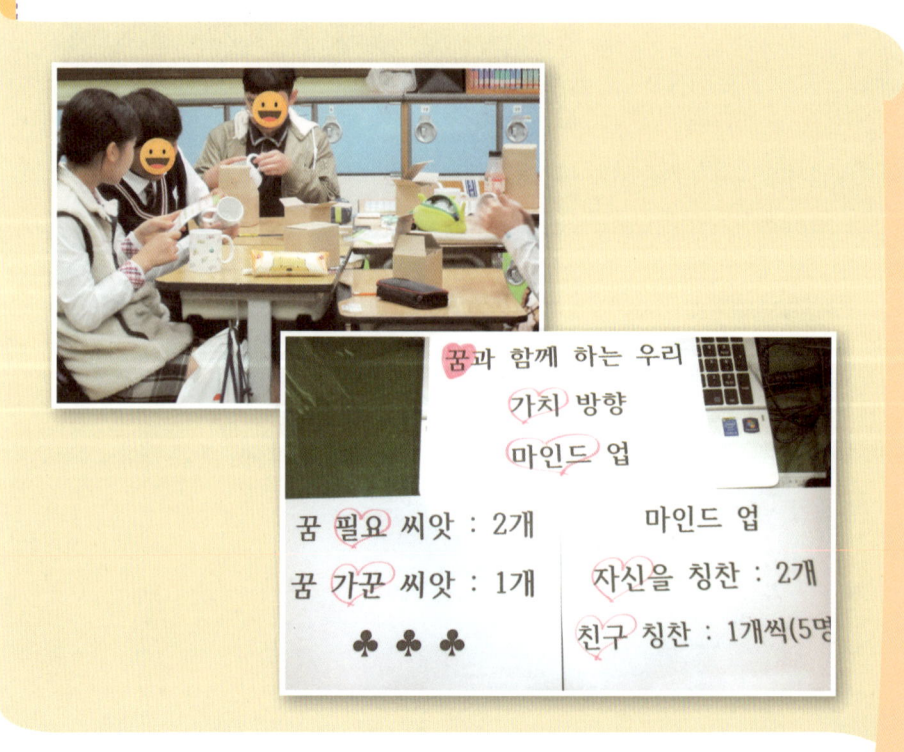

윤쌤의  이야기 톡톡

> "수줍은 아이, 경쾌한 아이, 내성적인 아이,
> 외향적인 아이 할 것 없이 서로 어울려 칭찬하고 격려하는,
> 그야말로 축제 분위기였습니다."

교사는 농부를 닮았습니다. 농부는 봄이 되면 논밭을 일구고 씨앗을 뿌립니다. 여름이 되면 잡초를 뽑고 풀과 열매를 가꾸며, 가을이 되면 결실을 거둡니다. 교사는 봄이 되면 교실이라는 밭에 아이들의 가치와 씨앗을 심고, 지속적으로 가꾸고 도와주며 함께 성장합니다. 그리고 매해 갈무리하며 열매를 바라봅니다. 교사에게는 씨앗을 뿌리는 것만큼이나 잘 가꾸어왔는지 성찰하고 격려하고 칭찬하는 시간이 중요합니다. 아이들과 그런 시간을 보내던 어느 해의 일입니다.

흥겨운 음악을 들으며 수줍은 아이, 경쾌한 아이, 내성적인 아이, 외향적인 아이 할 것 없이 서로 어울려 칭찬하고 격려하는, 그야말로 축제 분위기가 한창이었습니다. 아이들은 그날의 소감을 이렇게 적었습니다.

"내가 가꾼 씨앗은 열정, 지혜, 노력이다. 씨앗처럼 살아가는 내가 되어야겠다.", "자신감, 행복, 도전이다. 나의 꿈에 대해 더 잘 알게 되어 좋았다.", "자유, 도전, 친절이 나의 씨앗이다. 내가 꿈을 위해 많은 것을 도전해보고 있다는 것을 느꼈고, 앞으로 더 친절할 것이다."

소감문에는 아이들의 노력과 성장이 들어 있습니다. 저는 "칭찬은 고래도 춤추게 한다."라는 말을 기억하며 칭찬과 격려로 아이들을 춤추게 하고 싶었습니다. 반 전체가 더불어 춤추는 모습은 참으로 아름답습니다.

50

감사하며 갈무리하기

- **활동 대상** 중등 이상
- **소요 시간** 20분 내외
- **가치 덕목** 가치, 긍정, 성찰
- **핵심 역량** 자기관리 역량, 심미적 감성 역량

오프라 윈프리는 "행복은 내가 원하는 것을 가지는 것이 아니라, 내가 가지고 있는 것을 원하는 것이다. 행복은 내가 원하는 모든 것을 갖기 위해 노력하는 것이 아니라, 내게 주어져 있는 것, 내가 이미 이룬 것들을 소중히 여기고 감사하는 것이다."라고 말했습니다. 아이들에게 감사하는 마음을 표현하고 더불어 사는 것의 소중함을 알게 하는 것이 중요합니다.

'감사하며 갈무리하기'는 한 해를 보내며 아이들과 함께할 수 있는 간단한 활동입니다.

-행복의 시작은 감사부터-
1. 자신에게
2. 가족에게
3. 친구에게
4. 학급에게
5. 학교에게

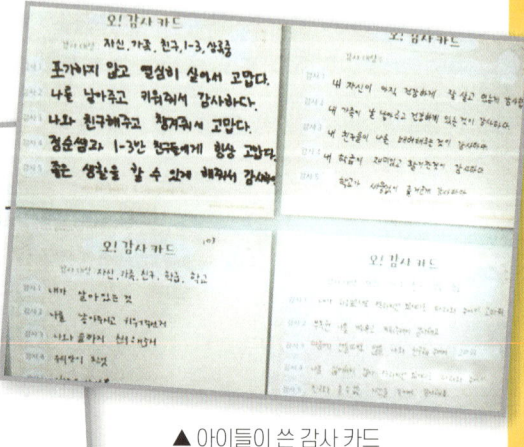
▲ 아이들이 쓴 감사 카드

📝 활동 방법

> 💬 **준비물**   감사 카드, 덕분에 카드

❶ 학생 1인당 감사 카드를 1장 씩 나눠줍니다.

❷ 교사는 감사 카드 쓰는 방법을 안내하고 설명합니다.

❸ 학생들은 감사 카드에 한 학기 또는 1년 동안 자신, 가족, 친구, 학급, 학교에 대해 감사했던 것을 1개씩 씁니다.

❹ 교사는 학생들이 쓴 감사 카드를 모아 교실 벽에 전시합니다.

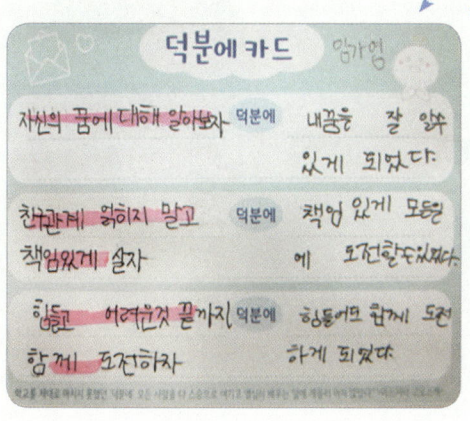

❺ 학생들에게 '덕분에 카드'를 1인당 1장씩 나눠주고 쓰도록 합니다.
  예) 손가락이 긴 '덕분에' 피아노를 치는 데 도움이 됩니다.

❻ '덕분에 카드'를 교실 벽에 전시합니다.

- 활동 전에 감사와 행복 관련 글이나 영상을 보여주면 더 좋습니다.
- 무조건 감사 카드를 쓰라고 하기보다 "어떤 사람에게 고마워?" 또는 "어떤 것에 고마워?"라고 물어봐주면 학생들이 더 구체적으로 씁니다.
- 학생들이 활동을 하는 동안 잔잔한 음악을 틀어줍니다.
- 시간이 충분하면 발표하고 칭찬해주는 시간을 갖습니다.
- 학생들이 작성한 것을 학교생활기록부 인성 부분에 기록합니다.

윤쌤의

"감사 카드와 덕분에 카드는 서로 도움을 주고받으면서
사는 것이 더 가치 있다는 것을 가르쳐줍니다."

저는 서울대학교 행복연구센터에서 '행복 연수'를 받은 후, 아이들과 '행복 교실'이라는 이름으로 행복과 관련된 활동을 많이 합니다. 그중 하나가 바로 '감사 카드'와 '덕분에 카드'입니다. 자기 혼자만 잘나서 이 세상을 살아가는 것이 아니라, 어울리고 서로 도움을 주고받으면서 사는 것이 더 가치 있다는 것을 느끼게 해주고 싶기 때문입니다.

"내가 말이 느리다고 해서 친구들이 화내지 않고 끝까지 들어준 것에 감사하다."라고 쓴 아이가 있었습니다. 그 아이는 우리 반에서 말과 행동이 가장 느렸습니다. 그럼에도 불구하고 우리 반 아이들은 그 아이의 발표를 끝까지 경청했습니다. 아이들이 쓴 감사 카드의 내용은 참으로 다양했습니다.

"포기하지 않고 열심히 산 나에게 감사하고, 나를 낳아 키워주신 부모님께 감사하고, 나와 친구해주고 챙겨준 친구에게 감사하고, 담임 샘과 우리 반 친구들에게 항상 고맙고, 좋은 생활을 할 수 있게 해준 우리 학교에 감사하다."

'덕분에 카드'도 감동이었습니다. "친구 관계 얽히지 말고 책임 있게 행동하자는 약속 덕분에 책임 있게 모든 일에 도전할 수 있었다. 힘들고 어려워도 끝까지 함께 도전하자는 약속 덕분에 해낼 수 있었다."

오늘도 아이들의 마음속에 감사와 행복 씨앗이 무럭무럭 자라고 있습니다.

에필로그

인성교육은 머리에서 가슴을 지나
손과 발로 이어지는 따뜻한 여행

"항상 맑으면 사막이 된다. 비가 내리고 바람이 불어야만 비옥한 땅이 된다."라는 스페인 속담이 있습니다. 지난 1년! 코로나19로 인해 참 많은 사람들이 힘들었고, 그 고통은 지금도 계속되고 있습니다. 사상 초유의 사태에 교육 현장도 언택트 환경으로 급변하였고, 온택트 교육 활동이 주가 되었습니다.

어느 순간부터 아이들의 또랑또랑한 눈빛과 까르르 웃으며 나누는 이야기들로 가득해야 할 교실은 선생님 혼자 앉아 학습 자료를 만들고, 화면으로 아이들을 만나 수업을 진행하는 공간이 되었습니다. 이렇게 급작스러운 교육 환경의 변화는 곳곳에서 많은 혼란과 어려움을 가져왔습니다.

저 역시 비대면으로 수업을 진행하면서 많은 시행착오를 겪어야 했고, 아직도 낯섦과 익숙함의 어느 경계에 서 있습니다. 이렇듯 지난 1년여의 시간은 궂은비와 가혹한 바람이 불었던 시간이었습니다. 하지만 우리는 그 시간을 견디며 비옥한 땅을 만들어 갈 수 있는 지혜와 통찰을 얻을 수 있었습니다.

저 또한 그 시간을 지나오며 깨달은 것이 있습니다. 온라인 학습 상황에서는 물론이고, 다가올 포스트 코로나 시대에서 '인성교육의 중요성'이 그것입니다. 대면하는 경험이 줄어든 상황에서 협업과 소통 능력을 비롯한 인성교육의 중요한 가치들은 절대로 놓쳐서는 안 될 교육 과제이며, 이는 교사의 핵심 사명입니다.

저는 수년간 '세다연'이라는 전국 단위 초중등 인성교육 교사 커뮤니티에서 활동하며, 많은 선생님들과 인성교육과 교사의 역할에 대해 함께 고민해왔습니다. 그 시간을 통해 참된 인성교육은 머리(배움)에서 가슴(느낌)을 지나 손과 발(실천)로 이어지는 따뜻한 여행이며, 그 과정에서 학생들이 "무엇이 될까?"보다는 "어떻게 살까?"라는 질문에 대해 많이 생각하고 다양하게 활동해보는 것이 중요하다는 생각이 들었습니다.

이 책에 수록된 50가지 인성교육 활동들은 이러한 생각을 토대로 적용된 사례입니다. 본 활동 사례들이 선생님들께서 만들어 가시는 행복한 학급을 위한 발걸음에 작지만 따뜻한 힘이 되길 소망합니다.

이 글을 마무리하는 지금, 지난 시간들을 차분하게 성찰해봅니다. 새 학기에는 더욱 따뜻한 시선으로 학생들 곁에 한 걸음 다가가보겠노라 다짐도 해봅니다. 아이들의 마음속 가치 씨앗들이 잘 발아해서 알찬 열매를 맺을 수 있도록 밭 다지고 거름 주는 역할에 더 열중하려 합니다. 제가 한 발자국 다가가면 우리 아이들은 분명 두 발자국 다가올 거라 확신합니다. 시작이 중요합니다. 왜냐고요? 시작은 반이나 되니까요. 감사합니다.

공감 백명현

에필로그

<u>"소중한 우리 반, 미안하면서도 고마워요."</u>
<u>"선생님, 감사합니다!"</u>

저희 아버지는 농부였습니다. 아버지는 논밭 어귀에서 당신이 가꾸어놓은 농작물을 바라보며 막내딸인 저에게 늘 말했습니다. "사랑스럽지 않더냐!" 당시에는 그 말을 알지도 느끼지도 못했습니다. 몇 년 뒤, 저는 아이들을 만나면서 아버지의 말씀을 깨닫기 시작했습니다.

아이들을 만난 지 20년 동안 전반기 10년은 좌충우돌했습니다. 후반기 10년은 '행복한교육실천모임'과 '세다연'을 만나 새로운 길을 걸었습니다. 저는 아이들의 꿈, 학습, 관계, 인성을 가꾸는 세련되고 진정성 있는 다양한 방법들을 선배 교사들에게 하나씩 배웠고, 아이들과 함께 조금씩, 천천히 실천했습니다.

재작년 종업식이 생각납니다. 복도를 지나던 어느 선생님이 "윤 선생님, 학년 말이 되니 반 아이들이 담임을 닮아 있네요."라며 제게 미소를 보냈습니다. 교실에 가보니 아이들은 자신들이 1년 동안 가꾸어온 가치 씨앗을 손편지에 담아 나뭇가지에 걸어두었더군요. '꿈, 긍정, 친절, 행복, 열정, 도전, 존중, 배려, 정직 등'이 포도송이처럼 서른 개나 매달려 있었지요. 마음이 먹먹해지는 순간이었습니다.

작년은 아무도 예상하지 못한 코로나를 겪었고, 아이들은 원격과 등교 수업을 병행하며 힘겨운 1년을 잘 견뎠습니다. 저는 아이들에게 많은 것을 해주지 못해 늘 미안한 마음이었습니다. "소중한 우리 반, 미안하면서도 고마워요."라는 말을 수없이 했지요. 종업식 날, 마지막 조회를 화상으로 하는데, 그날따라 아이들이 비디오를 켜지 않더군요. "얘들아, 오늘은 마지막 조회이니 비디오를 켜야 너희들 얼굴을 샘 마음속에 새기지."라고 말해도 화면은 여전히 까맸습니다. 그런데 몇 초 후, 동시에 비디오가 켜지면서 "선생님, 감사합니다!"라는 서른 개의 글자들이 화면에 나타나더군요. 참으로 울컥했습니다. 1년 동안 제가 아이들에게 가장 많이 한 말을 서른 명의 아이들이 다시 제게 들려주다니!

그날 저는 "소중한 우리 반 부모님께. 오늘 마지막 종례를 했습니다. 아이들은 우리의 미래이고 희망이니 어른인 부모님과 제가 더 많이 격려하고 도와줍시다."라고 부모님들께 감사의 문자를 드렸습니다. 다음 날 어떤 부모님이 제게 이런 답글을 보냈습니다. "선생님, 아이들이 우리의 미래고 희망이라고 하셨죠! 선생님은 사랑입니다. 감사했습니다."

저는 매주 금요일마다 아이들의 학교생활을 담은 문자를 부모에게 보내며 소통해 왔습니다. "아이들은 사랑스럽지 않을 수 없으며, 어느새 아이들과 담임은 서로 닮아 있습니다. 아이들은 우리의 미래이고 희망입니다."

저는 아이들과 함께한 경험과 추억과 활동들을 나누고 싶은 마음에 이 책을 쓰게 되었습니다. 아이들과 우리 교사는 같은 별을 보고 조금씩, 그리고 천천히 걸어갑니다. 새로운 올해, 저는 어떤 아이들을 만나 어떤 닮은꼴을 만들어갈지 상상하며 이 글을 갈무리합니다. 고맙습니다.

존중 윤점순

 **초등** 행복한 인성 수업을 위한 월별 추천 활동

월	추천 활동	페이지
2월	아이들 따뜻하게 맞이하기	50
3월	단어 카드로 자기(모둠) 소개하기	55
	자아선언문 선포하기	59
	학급 가치 선언문 만들기	82
	느낌 카드로 감정 표현하기	126
	내 마음의 날씨 표현하기	130
	5가지 사랑의 언어로 말하기	146
	커튼 콜	166
4월	사진으로 '친구' 정의 내리기	106
	느낌 카드로 내 친구 소개하기	110
	가치 풍경사진 찍기	118
	투게더 협력 글자 쓰기	170
5월	가치 담은 칭찬 카드 쓰기	63
	행복 십계명으로 같이 행복하기	138
	감사 카드로 감정 온도 올리기	152
	한마음 가치 쌓기	196
6월	느낌 카드로 마음의 창 열기	122
	피사의 사탑 쌓기	178
7월	긍정(강점) 나무 키우기	142
	투게더 빙고	192
8월	가치꽃밭 만들기	86
	투게더 홀인	174
9월	가치 이름으로 친구 칭찬하기	114
	중심 잡기	182
10월	느낌 카드로 감수성 키우기	134
	투게더 순간 이동	188
11월	스토리텔링 인성동화 쓰기	200
	팀 빌딩과 나눔 챌린지	208
12월	가치트리 만들기	86
	우리의 꿈! 같이 나르기	204
	사진과 단어로 마무리하는 우리 반 이야기	246

중등 행복한 인성 수업을 위한 월별 추천 활동

월	추천 활동	페이지
2월	아이들 따뜻하게 맞이하기	50
3월	가치 출석 부르기	70
	꿈in꿈 선언문 만들기	74
	학급 가치 TOP 5 보팅하기	90
	학급 가치로 학급회 조직하기	94
	나눔터로 소통하기	97
	인성 친화적 가정통신문	232
	이야기가 있는 학부모 총회	236
	커튼 콜	166
4월	학급 가치 구호 암송하기	101
	이미지와 글 카드 만들기	214
	플래너와 인성 가꾸기	226
	중심 잡기	182
5월	느낌 카드와 5분 데이트	160
	식물과 인성 가꾸기	218
	연대를 통한 가정교육 지도계획서	240
	투게더 빙고	192
6월	씨앗 글자와 인성 가꾸기	222
	투게더 홀인	174
7월	마인드업 스티커로 칭찬하기	156
	피사의 사탑 쌓기	178
8월	단어로 자기소개하기	67
	투게더 순간 이동	188
9월	느낌 카드와 5분 데이트	160
	한마음 가치 쌓기	196
10월	가치 풍경사진으로 공동체 성찰하기	254
	우리의 꿈! 같이 나르기	204
11월	나만의 미니북 만들기	250
	팀 빌딩과 나눔 챌린지	208
12월	씨앗과 칭찬 갈무리하기	258
	감사하며 갈무리하기	262
	투게더 협력 글자 쓰기	170

이 책에 사용된 교구

Book&I
(북앤아이)

p. 251

Rokcy Byun Banlancing
중심 잡기 3종 세트

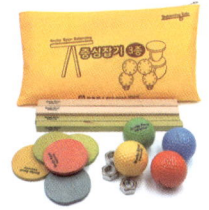

p. 182

Story통통 카드

p. 56, 248

글자 카드
(점착 메모지)

p. 67

꿈in꿈 카드

p. 74

나눔터

p. 97

나무그림보드

p. 142

느낌모아

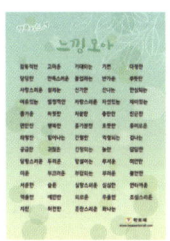

p. 64, 135, 162

느낌 스티커

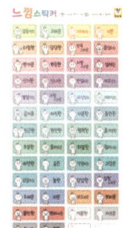

p. 64, 130

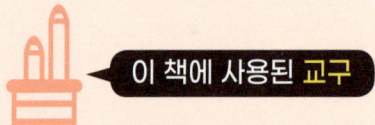 이 책에 사용된 교구

느낌자석 카드

p. 128, 134

느낌 카드

p. 123, 126, 161

덕분에 카드

p. 263

마인드업 롤테이프

p. 157

마인드업 배너

p. 50

마인드업 스티커

p. 60, 63, 128, 259

마인드업 어깨띠 세트

p. 222

마인드업 언어 포스터

p. 224

마인드업 카드

p. 128

 이 책에 사용된 교구

마인드업 팔찌

p. 112

씨앗덕목 스티커

p. 65, 259

씨앗덕목 자석카드

p. 135

씨앗덕목 포스터

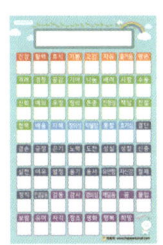

p. 75, 83, 92, 197

씨앗모아

p. 60, 64, 71, 74, 87, 115, 135

오! 감사카드

p. 153, 263

이미지프리즘

p. 106, 108, 111, 237

이미지 프리즘 희로애락

p. 247

이미지 프리즘1 스티커

p. 251

 이 책에 사용된 교구

자석 화이트보드  p. 246, 248	자아선언문  p. 215	좌우명카드-청소년  p. 215
징검다리 플래너  p. 226	콩나물(행복카드)  p. 216	투게더 파이프 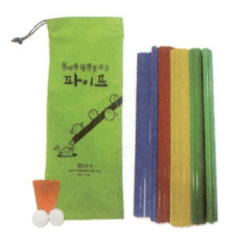 p. 204
팀빌딩- 투게더 협력 글자 쓰기 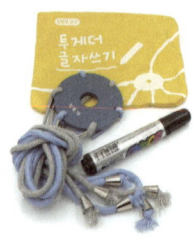 p. 171	팀빌딩- 투게더 빙고  p. 192	팀빌딩- 투게더 커튼콜  p. 167

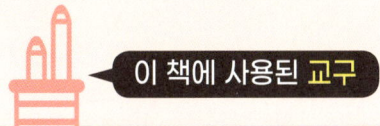 이 책에 사용된 교구

팀빌딩-
투게더 홀인

p. 174

팀빌딩-
투게더스틱

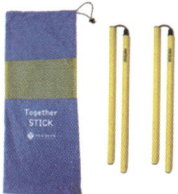

p. 188

피사의 사탑 쌓기

p. 178

277